essentials

Essentials liefern aktuelles Wissen in konzentrierter Form. Die Essenz dessen, worauf es als „State-of-the-Art" in der gegenwärtigen Fachdiskussion oder in der Praxis ankommt. *Essentials* informieren schnell, unkompliziert und verständlich

- als Einführung in ein aktuelles Thema aus Ihrem Fachgebiet
- als Einstieg in ein für Sie noch unbekanntes Themenfeld
- als Einblick, um zum Thema mitreden zu können

Die Bücher in elektronischer und gedruckter Form bringen das Fachwissen von Springerautor*innen kompakt zur Darstellung. Sie sind besonders für die Nutzung als eBook auf Tablet-PCs, eBook-Readern und Smartphones geeignet. *Essentials* sind Wissensbausteine aus den Wirtschafts-, Sozial- und Geisteswissenschaften, aus Technik und Naturwissenschaften sowie aus Medizin, Psychologie und Gesundheitsberufen. Von renommierten Autor*innen aller Springer-Verlagsmarken.

Emanuel Lucien Esser • Thomas Schnell

Posttraumatische Belastungsstörung (PTBS)

Eine Einführung

Springer

Emanuel Lucien Esser
Mönchengladbach, Deutschland

Thomas Schnell
Medical School Hamburg
Hamburg, Deutschland

ISSN 2197-6708 ISSN 2197-6716 (electronic)
essentials
ISBN 978-3-662-73485-8 ISBN 978-3-662-73486-5 (eBook)
https://doi.org/10.1007/978-3-662-73486-5

Die Deutsche Nationalbibliothek verzeichnet diese Publikation in der Deutschen Nationalbibliografie; detaillierte bibliografische Daten sind im Internet über https://portal.dnb.de abrufbar.

Springer ist ein Imprint der eingetragenen Gesellschaft Springer-Verlag GmbH, DE und ist ein Teil von Springer Nature.
Die Anschrift der Gesellschaft ist: Heidelberger Platz 3, 14197 Berlin, Germany

Was Sie in diesem *essential* finden können

- Beschreibung der posttraumatischen Belastungsstörung (PTBS).
- Ätiologie und Epidemiologie der posttraumatischen Belastungsstörung (PTBS).
- Beschreibung entwicklungsrelevanter Risikofaktoren.
- Therapieverfahren zur Behandlung der posttraumatischen Belastungsstörung (PTBS).
- Praxisempfehlungen, die insbesondere für Behandler der medizinischen und psychotherapeutischen Praxis von Interesse sind.

Vorwort

Obwohl die Diagnose der posttraumatischen Belastungsstörung (PTBS) in den letzten zwei Jahrzehnten einen signifikanten Anstieg verzeichnet hat, bleibt die Erkrankung sowie die damit verbundenen Symptome in weiten Teilen der Gesellschaft weiterhin tabuisiert. Besonders im militärischen Umfeld und unter Polizeikräften wird das Thema mitunter vermieden, um keine vermeintliche Schwäche zu offenbaren und möglicherweise die eigene Position innerhalb der Institution oder der Gruppe zu gefährden (Sharp et al., 2015).

Das vorliegende Buch verfolgt das Ziel, das Störungsbild der PTBS mit seinen typischen Symptomen darzustellen, sowie relevante epidemiologische Befunde, ätiologische Annahmen und evidenzbasierte therapeutische Ansätze zu beschreiben. Es soll auch Betroffenen und ihren Angehörigen die Angst nehmen, sich mit dem Thema zu befassen und ggf. professionelle Hilfe in Anspruch zu nehmen.

Emanuel Lucien Esser
Thomas Schnell

Inhaltsverzeichnis

Über den Autor

Emanuel Lucien Esser M.Sc., Psychologe und Psychotherapeut i.A. am Institut für Psychoanalyse und Psychotherapie Düsseldorf (IPD)

Prof. Dr. rer. nat. Dr. rer. medic. habil. Thomas Schnell Diplompsychologe, Psychologischer Psychotherapeut, Supervisor
Spezielle Psychotraumatherapie **(DeGPT)**
Dialektisch Behaviorale Therap**ie (DBT)**
Professor für Klinische Psychologie Schwerpunkt Verhaltens**therapie**

Einleitung 1

Posttraumatische Belastungsstörungen (PTBS) gehen mit erheblichem individuellem Leidensdruck und weitreichenden psychosozialen Einschränkungen einher und sind angesichts global zunehmender Gewalt-, Flucht- und Kriegserfahrungen von hoher gesellschaftlicher Relevanz. Dieses Essential bietet eine kompakte Einführung in zentrale diagnostische Konzepte, Ätiologie, Epidemiologie und evidenzbasierte Behandlungsansätze der PTBS unter Berücksichtigung aktueller Leitlinien. Es richtet sich gleichermaßen an Studierende, Einsteiger in therapeutische Berufe sowie Praktiker und vermittelt in konzentrierter Form das notwendige Wissen über das Störungsbild und die klinische Versorgung der PTBS.

E. L. Esser, T. Schnell, *Posttraumatische Belastungsstörung (PTBS)*, essentials, https://doi.org/10.1007/978-3-662-73486-5_1

Posttraumatische Belastungsstörung (PTBS) 2

Kasuistik

Lisa, 25 Jahre alt, stellt sich in Begleitung ihrer Mutter in einer psychiatrischen Klinik vor. Seit einem Terroranschlag vor zwei Monaten in Israel zeigt sie deutliche Verhaltensänderungen. Sie ist extrem schreckhaft, besonders bei lauten Geräuschen, und reagiert reflexartig, indem sie sich duckt oder zu Boden wirft. Zudem ist sie oft gereizt, schläft schlecht und zieht sich zunehmend zurück, was im Widerspruch zu ihrer früheren fröhlichen Persönlichkeit steht.

Lisa war mit ihrem Partner Lior in Israel, als sie während eines Musikfestivals Zeuge eines Terroranschlags wurde. Sie versteckten sich hinter einem Baum, während bewaffnete Männer auf die Menge schossen. Lisa erinnert sich, dass sie sich sicher war, zu sterben. Nach dem Vorfall litt sie unter Flashbacks, die durch laute Geräusche, Menschenmengen oder enge Räume ausgelöst werden. Diese Rückblenden sind so lebendig, dass sie Schreie hört und die damalige Angst intensiv spürt, was mit körperlichen Symptomen wie Herzrasen und Zittern einhergeht. Zudem hat sie Albträume, die die Ereignisse wiedergeben.

Lisa meidet Orte und Situationen, die an das Trauma erinnern, wie Konzerte oder belebte Städte, was zu zunehmender Isolation führt. Sie fühlt sich emotional abgestumpft und entfremdet von sich selbst und anderen, was ihre sozialen Kontakte erschwert. Zudem leidet sie unter ständiger Wachsamkeit. Sie fühlt sich ständig angespannt und hat starke Schreckreaktionen. In öffentlichen Räumen ist sie immer auf der Hut und vermeidet es, mit dem Rücken zu einer Tür zu sitzen.

E. L. Esser, T. Schnell, *Posttraumatische Belastungsstörung (PTBS)*, essentials, https://doi.org/10.1007/978-3-662-73486-5_2

2.1 Traumatische Ereignisse

Der Begriff des „Traumas“ wird sowohl in der Allgemeinbevölkerung als auch in der Fachwelt uneinheitlich verwendet, eine trennscharfe Abgrenzung zu nicht--traumatischen Belastungsfaktoren ist häufig schwierig. Weder für Unfallereignisse noch für Formen emotionaler Vernachlässigung lassen sich konsensuale Schwellen definieren, ab denen ein Ereignis eindeutig als traumatisch zu klassifizieren wäre. Entsprechend betont die Literatur, dass starre, rein objektive Kriterien für die psychotraumatologische Einordnung ungeeignet sind (Stein et al. 2014).

Die ICD-11 definiert ein Trauma als ein Ereignis, das von nahezu jeder Person als extrem bedrohlich oder erschütternd wahrgenommen werden kann (World Health Organization 2022). Im Vergleich zur ICD-10 verzichtet diese Definition auf die zwingende Voraussetzung von Todesangst oder „tiefer Verzweiflung“, da sich gezeigt hat, dass PTBS auch ohne diese Merkmale auftreten kann und die früheren Begriffe nur begrenzt operationalisierbar waren. Zugleich eröffnet die Formulierung diagnostischen Spielraum, da Begriffe wie „nahezu jede Person“ oder „extrem bedrohlich“ unterschiedlich interpretiert werden können.

Pragmatisch verlagert die ICD-11 die Abgrenzung zwischen traumatischen und nicht-traumatischen Ereignissen von objektiven Ereignismerkmalen hin zur individuellen Symptomreaktion: Zeigen sich die charakteristischen Symptome einer PTBS, gilt das auslösende Ereignis als hinreichend traumatisch. Damit rückt weniger eine allgemeingültige Ereignisdefinition als vielmehr die individuelle psychologische Verarbeitung des Ereignisses in den Vordergrund.

Exemplarisch für traumatische Ereignisse nennt die ICD-11 unter anderem Naturkatastrophen, Krieg, schwere Unfälle, Folter, sexuelle Gewalt, Terrorakte, Überfälle, akut lebensbedrohliche Erkrankungen sowie das gewaltsame oder unerwartete Miterleben von Tod oder schwerer Verletzung nahestehender Personen. Auch sekundäre Traumatisierungen, etwa bei Ersthelfern oder auch bei Behandlern, die von den Ereignissen intensiv berichtet bekommensind durch die sehr offen gehaltene Definition implizit eingeschlossen. Zusammengefasst ist also die zentrale Frage nicht mehr, ob ein Ereignis hinreichend schwer war, um als Trauma gelten zu können. Entscheidend ist, ob die klinischen Leitsymptome der PTBS erfüllt sind. Das erfordert natürlich eine möglichst hohe differenzialdiagnostische Trennschärfe ggü. anderen psychischen Störungen wie Depressionen oder Angststörungen, sodass die symptombezogenen Kriterien für die Diagnose einer PTBS in der ICD-11 geschärft wurden (siehe dazu in Kapitel 2.2).

Diese Neufassung trägt empirischen Befunden Rechnung, wonach sehr unterschiedliche Ereignisse als extrem bedrohlich erlebt und traumatisch verarbeitet

Tab. 2.1 Typologisierung von Traumata

	Typ-I-Traumata (einmalig/ überraschend)	Typ-II-Traumata (langanhaltend/ kumulativ)	Medizinisch bedingte Traumata
Akzidentielle Traumata	Kurzandauernde Naturkatastrophen	Langandauernde Naturkatastrophen	Akute lebensgefährliche Erkrankungen (z.B. Atmen- oder Herzstillstand)
	Schwere Verkehrsunfälle		Chronische lebensbedrohliche Erkrankungen (Krebs, HIV)
	Arbeitsbedingte Traumata (z.B. Rettungskräfte, Schädigung durch Maschinen oder Stürze)	Technische Katastrophen (z.B. in Chemiefabriken oder Industrieanlagen mit andauernder Auswirkung)	Als notwendig erlebte medizinische Eingriffe (z.B. Wiederbelebung durch Defi)
Intendierte Traumata (man made trauma, interpersonell)	Sexuelle Übergriffe (z.B. Vergewaltigung)	Wiederholte sexuelle und körperliche Gewalt/Missbrauch in der Kindheit bzw. im Erwachsenenalter	Komplizierter Verlauf nach angenommenen Behandlungsfehlern
	Kriminelle bzw. körperliche Gewalt (z.B. Raubüberfall, Banküberfall)	Kriegserleben	
		Geiselhaft	
		Folter, politische Inhaftierung	

werden können (Cloitre et al. 2013; Palgi et al. 2021; Hyland et al. 2021). Zugleich zeigen Klassifikationen nach Traumaart, dass das PTBS-Risiko deutlich variiert: Insbesondere interpersonelle Traumata sowie Typ-II-Traumata wie Folter, Kriegsgefangenschaft oder lang anhaltender sexueller Missbrauch sind mit einem besonders hohen Erkrankungsrisiko assoziiert (McNally 2003; Ozer et al. 2003; Kessler et al. 2014) (Tab. 2.1 präsentiert eine Typologisierung von Traumata hinsichtlich qualitativer und quantitativer Charakteristika).

2.2 Symptomatik der Posttraumatischen Belastungsstörung (PTBS)

Die Posttraumatische Belastungsstörung (PTBS) ist gekennzeichnet durch eine Symptomtrias, bestehend aus dem intrusiven Wiedererleben des Traumas, Vermeidungsverhalten und einem chronischen Gefühl der Bedrohung (Hyperarousal).

2.2.1 Intrusives Wiedererleben

Nach der ICD-11 (World Health Organization 2022) manifestiert sich das Wiedererleben traumatischer Ereignisse in Form unkontrollierbarer, wiederkehrender Erinnerungen, sogenannter **Intrusionen.** Intrusives Wiedererleben kann im wachen Zustand in Form von **Flashbacks** oder im Schlaf in Gestalt von **Albträumen** auftreten. Das Wiedererleben geht in der Regel mit intensiven emotionalen Reaktionen wie Angst oder Entsetzen sowie mit physiologischen Symptomen, beispielsweise Tremor, Tachykardie oder Übelkeit, einher. Typischerweise wird es durch spezifische Auslösereize (Trigger) aktiviert, etwa durch Geräusche, Gerüche oder visuelle Eindrücke, die mit dem traumatischen Ereignis assoziiert sind.

Charakteristisch für Flashbacks ist das sogenannte „Hier-und-Jetzt-Gefühl": Betroffene erleben sich in der damaligen Situation und nehmen die Ereignisse so wahr, als fänden sie erneut statt. Im Gegensatz zu adäquat verarbeiteten Erinnerungen, die eindeutig als vergangen erlebt werden, besitzt das Wiedererleben des Traumas den Charakter des Gegenwärtigen. Dieser Eindruck kann mit einem vorübergehenden Verlust des Realitätsbezugs einhergehen (Brewin 2015). Albträume mit traumabezogenem Inhalt können derartige intensive emotionale wie physiologische Reaktionen hervorrufen, dass sich nicht selten weitere sekundäre Schlafstörungen aufgrund der Angst vor dem Einschlafen entwickeln. Infolge dieser Symptomatik entwickeln Betroffene oft ein ausgeprägtes Vermeidungsverhalten, indem sie belastende Reize meiden, um ein erneutes Wiedererleben zu verhindern (siehe Kap. 2.2.2).

2.2.2 Vermeidung

Vermeidungsverhalten umfasst zwei wesentliche Dimensionen: Zum einen die kognitive Vermeidung von traumaassoziierten Gedanken, Gefühlen oder Gesprächen, zum anderen die Vermeidung äußerer Reize wie Orte, Personen oder Situationen, die Erinnerungen daran hervorrufen könnten.

Ursprünglich stellt dieses Verhalten eine adaptive Bewältigungsstrategie dar, die in der akuten Gefahrensituation dem Überleben dienen konnte. Im gegenwärtigen Kontext wird es jedoch dysfunktional, da es die emotionale Verarbeitung des Erlebten verhindert und die Heilung hemmt. Vermeidung verhindert das Erleben korrigierender Erfahrungen. So meiden Betroffene oft alltägliche Aktivitäten wie das Verlassen des Hauses oder soziale Interaktionen, aber auch unscheinbare Reize wie Geräusche oder Medieninhalte. Diese Strategien führen zwar kurzfristig zur Reduktion psychischer Belastung, verstärken jedoch langfristig die Chronifizierung der Symptome und erschweren die therapeutische Bearbeitung traumatischer Inhalte – ein Zusammenhang, den auch die ICD-11 betont (World Health Organization 2022).

2.2.3 Anhaltende Bedrohungswahrnehmung (Hyperarousal)

Das sogenannte Hyperarousal verdeutlicht, dass das Gehirn bei einer Posttraumatischen Belastungsstörung (PTBS) den Umstand, dass das traumatische Ereignis abgeschlossen ist und die betroffene Person sich objektiv in Sicherheit befindet, nicht adäquat verarbeitet hat. Der Organismus verhält sich weiterhin so, als befände er sich in akuter Gefahr, als sei das Trauma noch gegenwärtig. Unter realen Gefahrenbedingungen wäre dieser Zustand hochfunktional, da der gesamte Organismus darauf ausgerichtet wäre, Bedrohungsreize rasch zu erkennen und entsprechend zu reagieren. Bei PTBS-Betroffenen, die sich objektiv in relativer Sicherheit befinden, verläuft diese Form der physiologischen Aktivierung jedoch ins Leere und erweist sich als dysfunktional.

Hyperarousal ist gekennzeichnet durch eine anhaltende Wahrnehmung von Bedrohung, einhergehend mit einer dauerhaften Erhöhung des Erregungsniveaus. Dies äußert sich in gesteigerter **Schreckhaftigkeit**, **übermäßiger Wachsamkeit (Hypervigilanz)** sowie einer verzerrten Einschätzung der tatsächlichen Bedrohungslage (World Health Organization 2022). Diese Übererregung kann zudem mit erhöhter Reizbarkeit oder Aggressivität einhergehen, was soziale Interaktionen erschwert und nicht selten zu sozialer Isolation führt (World Health Organization 2022).

Begleitend treten häufig physiologische Reaktionen wie Tachykardie, Hyperhidrose und innere Unruhe auf. Von den Betroffenen werden diese Symptome oftmals nicht in Zusammenhang mit dem traumatischen Erlebnis gebracht, sondern als ich-synton erlebt (World Health Organization 2022). Aufgrund der subjektiv erlebten Bedrohung neigen manche Betroffene zu defensiven Verhaltensweisen, beispielsweise dem Mitführen von Waffen oder anderen Schutzmechanismen. Intensität und Ausprägung dieser Symptomatik variieren dabei in Abhängigkeit von der Art des erlebten Traumas.

▶ **Merke** PTBS zeichnet sich durch drei zentrale Symptome aus: das unkontrollierte Wiedererleben des Traumas (z.B. Flashbacks und Albträume), intensives Vermeidungsverhalten gegenüber traumabezogenen Erinnerungen und eine anhaltende, verzerrte Bedrohungswahrnehmung, die zusammen die langfristige Verarbeitung des Traumas erschweren.

Klassifikation und Diagnostik 3

3.1 Was ist neu in der ICD-11?

Da die Frage des Traumakriteriums, also ab welchem Punkt ein Ereignis als Trauma zu klassifizieren ist, in der ICD-11 im Wesentlichen über das Vorliegen einer PTBS-typischen Symptomatik beantwortet wird (vgl. Abschn. 2.1), ist eine weitgehende Trennschärfe gegenüber potenziellen Differenzialdiagnosen erforderlich (Maercker und Ebele 2022). Aus diesem Grund hat die ICD-11 die Kernsymptomatik der drei zentralen Traumakriterien deutlich präzisiert. Quantitativ wurde die Anzahl der diagnostisch relevanten Symptome auf sechs Kernsymptome reduziert, die drei Hauptgruppen zugeordnet sind: **Intrusionen und Wiedererleben in lebendiger Form,** worunter (1) Flashbacks oder (2) Albträume fallen, in der Regel verbunden mit intensiver emotionaler Belastung oder ausgeprägten physiologischen Reaktionen. Im Unterschied zur ICD-10 wird das anhaltende, grüblerische Beschäftigtsein mit schmerzhaften Erinnerungen nicht mehr kodiert, da es sich nicht ausreichend von depressiver Symptomatik abgrenzen lässt. **Aktives Vermeidungsverhalten** umfasst die gezielte Vermeidung von (1) Gedanken und Erinnerungen oder (2) Aktivitäten, Situationen und Personen, die an das Trauma erinnern. Kodiert werden soll ausdrücklich das bewusste und reflektierte Vermeidungsverhalten, während eine emotionale Abstumpfung, die nach ICD-10 teilweise als emotionale Vermeidung erfasst wurde, nicht mehr berücksichtigt

E. L. Esser, T. Schnell, *Posttraumatische Belastungsstörung (PTBS)*, essentials, https://doi.org/10.1007/978-3-662-73486-5_3

wird, da auch hier die diagnostische Abgrenzung zu depressiven Störungen zu unscharf ist. **Hyperarousal und anhaltende Wahrnehmung gegenwärtiger Bedrohung** beinhaltet (1) eine gesteigerte Wachsamkeit mit subjektiv erlebter ständiger Bedrohung oder (2) eine ausgeprägte Schreckhaftigkeit. Reizbarkeit und Aggressivität werden nur dann kodiert, wenn sie sekundär zu erhöhter Wachsamkeit oder gesteigerter Schreckhaftigkeit auftreten.

Eine weitere Neuerung stellt die Flexibilisierung des Zeitkriteriums dar: Die ICD-11 verzichtet auf starre zeitliche Grenzen und orientiert sich stattdessen an klinisch nachvollziehbaren Zeiträumen. Darüber hinaus wurde das Kriterium der psychosozialen Funktionsbeeinträchtigung erweitert. Nun wird auch berücksichtigt, dass ein äußerlich scheinbar ungestörtes Funktionieren, sofern es mit erheblichem innerem Aufwand verbunden ist, als Beeinträchtigung zu werten ist. Diese Änderungen erhöhen die diagnostische Spezifität, verbessern die klinische Anwendbarkeit und erleichtern die Abgrenzung gegenüber anderen psychischen Störungen (vgl. Abschn. 3.3).

Mit der Einführung der ICD-11 wurden darüber hinaus mehrere Diagnosen der ICD-10 gestrichen oder strukturell integriert. So entfällt beispielsweise die Kategorie der *Andauernden Persönlichkeitsänderung nach Extrembelastung* (F62.0), deren Merkmale nun in der neu definierten **komplexen Posttraumatischen Belastungsstörung (kPTBS)** enthalten sind. Die Etablierung der kPTBS als eigenständige diagnostische Kategorie zählt zu den bedeutendsten Neuerungen der ICD-11. Bei der kPTBS kommen zu der klassischen Symptomtrias der PTBS noch drei weitere Symptome hinzu, unter der Überschrift „**Störungen der Selbstorganisation**". Diese sind Affektregulationsstörungen, interpersonelle Störungen und Störungen des Selbsterlebens. Die drei Störungen der Selbstorganisation weisen eine Nähe zur Borderlinestörung auf, was differenzialdiagnostisch herausfordernd ist (vgl. Abschnitt 3.3.1).

3.2 Diagnostische Instrumente

Im Folgenden werden zentrale diagnostische Testverfahren zur Erfassung einer PTBS in Tabelle 2 zusammenfassend dargestellt, um einen Überblick über unterschiedliche Messinstrumente, ihre Anwendungsbereiche sowie ihre diagnostische Relevanz zu geben.

Instrument	Typ	Klassifikation	Einsatzbereich	Zentrale Gütekriterien	Referenzen
International Trauma Questionnaire (ITQ)	Selbstbericht	ICD-11	PTBS & kPTBS	Hohe interne Konsistenz, stabile Faktorenstruktur, gute diskriminante Validität; validierte deutsche Version	Cloitre et al. 2018; Hyland et al. 2017; Christen et al., 2021
International Trauma Interview (ITI)	Semi--strukturiertes Interview	ICD-11	PTBS & kPTBS	Gute Interrater--Übereinstimmung ($\alpha = .76$); clusterabhängig variable diagnostische Übereinstimmung mit ITQ	Bondjers et al. 2019; Gelezelyte et al. 2022; Roberts et al. 2025
Impact of Event Scale – Revised (IES-R)	Selbstbericht (Screening)	DSM-IV (auch ICD-Kontext)	PTBS-Screening	Sehr hohe interne Konsistenz ($\alpha \approx .95$); gute konvergente Validität	Weiss und Marmar 1997; Maercker und Schützwohl 1998
Childhood Trauma Questionnaire (CTQ)	Selbstbericht (retrospektiv)	Dimensional	Kindheitstraumata	Meist hohe interne Konsistenz ($\alpha \geq .80$); Ausnahme körperliche Vernachlässigung; gute Validität	Bernstein et al. 2003; Klinitzke et al. 2012
Clinician--Administered PTSD Scale (CAPS-5)	strukturiertes Interview	DSM-5 (auch ICD-Kontext)	Diagnostik & Schweregrad	Hohe Interrater-Reliabilität ($ICC \approx .91$); gute interne Konsistenz ($\alpha \approx .88$)	Weathers et al. 2018
Harvard Trauma Questionnaire (HTQ)	Selbstbericht/ Interview	Variabel	Kultursensitive Settings	Gute bis sehr gute Reliabilität und hohe konvergente Validität	Mollica et al. 1992

3.3 Wichtige Differentialdiagnosen

Die Differenzialdiagnose zwischen PTBS und anderen psychischen Störungen ist von entscheidender Bedeutung, da die Wahl der richtigen Diagnose wesentliche Auswirkungen auf die Therapieplanung und den Behandlungsansatz hat. Obschon der Fokus hier auf der PTBS liegt und nicht auf der kPTBS, wird die differenzialdiagnostische Abgrenzung der Borderlinestörung von der kPTBS hier diskutiert. Dieses Thema war in der vergangenen Dekade omnipräsent bei der Frage nach dem Wesen einer kPTBS (zur Vertiefung der kPTBS sei der Band „komplexe Posttraumatische Belastungsstörung" von Esser und Schnell in dieser Buchreihe empfohlen). Im Folgenden werden unterschiedliche Störungsbilder von der PTBS abgegrenzt.

3.3.1 Persönlichkeitsstörung „Borderline-Muster" (ICD-11: 6D11.5)

Die Differentialdiagnose zwischen der komplexen Variante der posttraumatischen Belastungsstörung (kPTBS) und der Persönlichkeitsstörung mit Borderline-Muster (Borderline Personality Disorder; BPD) ist klinisch bedeutsam, da sich beide Störungsbilder in den Bereichen affektiver Instabilität, Probleme mit dem Erleben der eigenen Identität bzw. des Selbst, sowie interpersonellen Schwierigkeiten überschneiden können (Ford und Courtois 2014).

Die kPTBS ist genauso wie die PTBS durch ein klar identifizierbares traumatisches Ereignis gekennzeichnet, auf das sich die Symptomatik bezieht. Bei der Borderlinestörung sind zwar häufig belastende biografische Erfahrungen identifizierbar, diese sind jedoch nicht obligat für die Diagnosestellung. Zudem entfällt bei der Borderlinestörung die klassische Symptomtrias der PTBS. Hinsichtlich der Abgrenzung der Störungen der Selbstorganisation bei kPTBS und der Borderlinestörung gehen manche Experten davon aus, dass affektive Dysregulation bei kPTBS überwiegend **traumabezogen und situationsabhängig** auftritt und in Zusammenhang mit Intrusionen, Vermeidungsverhalten und psychophysiologischer Übererregung steht. Demgegenüber zeigt die BPD ein **überdauerndes Muster** emotionaler Instabilität, das häufig mit Impulsivität, selbstverletzendem Verhalten und intensiven interpersonellen Konflikten einhergeht (Paris 2018; Jowett et al. 2019). Andere Autoren postulieren bei kPTBS weniger Instabilität in der Störung der Selbstorganisation, verglichen mit der Borderlinestörung. Konkret bedeutet das für kPTBS, weniger Stimmungsschwankung sondern mehr verhaftet sein im negativen affektiven Spektrum, weniger dramatische und instabile Beziehungsgestaltung sondern eher Vermeidung oder Reviktimisierung in Beziehungen, weniger Schwankungen im Selbstbild und Identitätserleben sondern stabileres Erleben von Beschädigtsein („durch das Ereignis ist bei mir etwas kaputt gegangen“; Brewin et al. 2017; Knefel et al. 2019).

Die diagnostische Abgrenzung wird dadurch erschwert, dass eine hohe Komorbidität zwischen PTBS und BPD besteht (Grant et al. 2008). Hierbei stellt sich dann die Frage, ob eine kPTBS vorliegt, oder eine PTBS plus eine Borderlinestörung. Für die Therapieplanung ist die Unterscheidung dahingehend relevant, dass bei PTBS traumafokussierte Verfahren notwendig sind, während die BPD in der Regel eine längerfristige, strukturorientierte Behandlung, etwa im Rahmen der dialektisch-behavioralen Therapie benötigt (Harned et al. 2012). Kommen beide Störungsbereiche zusammen, werden integrative therapeutische Antworten notwendig, wie es die DBT für PTBS realisiert. Hier werden Aspekte der klassischen DBT und Aspekte der Traumatherapie kombiniert.

3.3.2 Reaktion auf akuten Stress (ICD-11: QE84.2)

Die in der ICD-10 enthaltene Diagnose *Akute Belastungsreaktion* (ICD-10: F43.0) wurde mit Erscheinen der ICD-11 **aus dem Kapitel der psychischen Störungen herausgelöst und in Kapitel 24 („Faktoren, die den Gesundheitszustand beeinflussen oder Anlass zur Inanspruchnahme des Gesundheitswesens sind“) als *Acute stress reaction*** aufgenommen (World Health Organization 2022). Damit gilt sie nicht mehr als eigenständige psychische Störung, sondern als **vorübergehende Anpassungsreaktion** auf ein außergewöhnlich belastendes Ereignis.

Typischerweise treten Symptome wie Angst, Desorientiertheit, vegetative Übererregung oder dissoziative Benommenheit **innerhalb von Minuten bis höchstens wenigen Stunden** nach dem Stressor auf und klingen nach den ICD-11-Leitlinien **spätestens innerhalb eines Monats** wieder ab. Persistieren oder verstärken sich die Beschwerden darüber hinaus, ist eine Abklärung auf Posttraumatische Belastungsstörung (PTBS) angezeigt (Friedman 2013; World Health Organization 2022).

Die klare diagnostische Trennlinie zwischen akuter Stressreaktion und PTBS ist klinisch bedeutsam, da nur bei Letzterer leitliniengerecht traumafokussierte Psychotherapie und ggf. komorbidtäts-orientierte Begleitmaßnahmen indiziert sind.

3.3.3 Anpassungsstörung (ICD-11: 6B43)

Anpassungsstörungen (6B43) entstehen als **Reaktion auf identifizierbare psychosoziale Stressoren,** die **nicht traumatischer Natur** sind, und sind durch eine mangelhafte Anpassung an den Stressor mit damit verbundenen sozialen oder beruflichen Einschränkungen gekennzeichnet. Die Kernsymptomatik besteht aus sogenannten **Präokkupationen,** d.h. gedankliches Verhaftetsein mit dem belastenden Ereignis (wiederholte oder sich aufdrängende Gedanken an das Ereignis, aber keine Flashbacks, wie bei einer PTBS). Zudem treten Interessensverlust gegenüber Beziehungen, Hobbies und dem Beruf auf, sowie Konzentrations- und Schlafprobleme.

Im Gegensatz zur PTBS fehlen bei der Anpassungsstörung zentrale traumaassoziierte Symptome wie das Wiedererleben, Vermeidungsverhalten oder Hypervigilanz. Die Präokkupationen können aber intensiv sein, sodass innere Bilder entstehen. Dadurch fällt die Abgrenzung zu traumabezogenen Intrusionen schwer. Interessenverlust kann der traumabezogenen Vermeidung ähneln. Konzentrations- und Schlafprobleme können hypervigiland anmuten. Zur besseren Differenzialdiagnostik erfolgte die Verschärfung der PTBS-Symptome in der ICD-11 (siehe oben). Die Symptome einer Anpassungsstörung manifestieren sich meist innerhalb von drei Monaten nach dem belastenden Ereignis und sollten innerhalb eines Zeitraums von sechs Monaten wieder abklingen (Poremski et al. 2024).

3.3.4 Anhaltende Trauerstörung (ICD-11: 6B42)

Die anhaltende Trauerstörung (persistent grief disorder, PGD) und die posttraumatische Belastungsstörung (PTBS) weisen sowohl Gemeinsamkeiten als auch deutliche Unterschiede auf. Beide können als Reaktion auf den Verlust einer nahestehenden Person auftreten, unterscheiden sich jedoch in ihrer klinischen Manifestation. Während Betroffene mit PTBS das traumatische Ereignis häufig in Form von Flashbacks oder Albträumen erneut erleben, stehen bei der PGD **intensive Sehnsucht und ein starkes Verlangen nach der verstorbenen Person** im Vordergrund. Charakteristisch sind zudem **anhaltende Schwierigkeiten, den Verlust zu akzeptieren,** was zu erheblichen funktionalen Beeinträchtigungen im Alltag führen kann. Eine differenzierte diagnostische Abgrenzung ist entscheidend für eine zielgerichtete therapeutische Behandlung (Maercker und Znoj 2010).

3.3.5 Depressive Episode oder rezidivierende depressive Störung (ICD-11: 6A70–6A77)

Depressive Episoden und PTBS weisen symptomatische Überschneidungen auf, insbesondere hinsichtlich **Anhedonie, Schlafstörungen und Konzentrationsproblemen.** Dennoch gibt es entscheidende Unterschiede: Während bei depressiven Störungen ein **anhaltender Verlust von Interesse und Freude** sowie eine **generalisierte gedrückte Stimmung** im Vordergrund stehen, dominieren bei PTBS **traumabezogene Symptome wie intrusives Wiedererleben und Vermeidung.** Eine gleichzeitige Diagnose beider Störungen ist möglich, erfordert jedoch eine differenzierte Abklärung, um angemessene Behandlungsstrategien zu entwickeln (O'Donnell et al. 2004).

3.3.6 Panikstörung (ICD-11: 6B01)

Einzelne Panikattacken können sowohl bei PTBS als auch bei Panikstörungen auftreten, unterscheiden sich jedoch in ihrem Kontext. Während sie bei einer Panikstörung **unerwartet und ohne offensichtlichen Auslöser auftreten,** sind sie bei PTBS meist eine **reaktive Antwort auf traumaassoziierte Reize.** . Die präzise Differenzierung zwischen PTBS-assoziierten Panikreaktionen und einer eigenständigen Panikstörung ist entscheidend für eine adäquate therapeutische Intervention (Falsetti und Resnick 1997).

3.3.7 Schizophrenie oder andere primäre psychotische Störungen (ICD-11: 6A20–6A2Z)

Bestimmte PTBS-Symptome wie Schlaf- und Konzentrationsstörungen können auch bei Schizophrenie auftreten. Derealisation und Depersonalisation werden bei einer PTBS als dissoziative Symptome betrachtet. Bei einer Schizophrenie können diese Symptome ebenfalls auftreten, werden aber als Ich-Störungen verstanden. Ein Unterschied dabei ist, dass Dissoziation bei PTBS eher temporär auftritt als Reaktion auf Trigger, während Ich-Störungen bei Psychosen episodenüberdauernd persistieren. **Flashbacks** bei PTBS müssen gut von Halluzinationen bei Schizophrenie abgegrenzt werden. Unterscheidungsmerkmal ist, dass Flashbacks durch trauma-assoziierte Reize getriggert werden, Halluzinationen eher nicht. Hyperarousel bei PTBS muss gut von psychotischen Erregungszuständen abgegrenzt werden. . In der Zusammenschau haben die Symptome bei PTBS einem klaren Zusammenhang mit dem erlebten Trauma, bzw. werden temporär durch Trigger ausgelöst. Bei Psychosen ist das nicht der Fall. Bei Schizophrenie und verwandten psychotischen Störungen sind hingegen **anhaltende psychotische Symptome zentral. Wahnvorstellungen oder formale Denkstörungen,** ebenso wie Negativsymptomatik sind dagegen gut von PTBS abgrenzbar. Eine gründliche diagnostische Abklärung ist erforderlich, um eine Fehldiagnose zu vermeiden und eine angemessene Therapie sicherzustellen (Stein et al. 2014).

3.4 Komorbidität

Traumatische Lebensereignisse fungieren als unspezifischer Risikofaktor für nahezu das gesamte Spektrum psychischer Störungen. Die WHO-World-Mental-Health-Surveys zeigten, dass nach Traumaexposition häufiger Angst- oder depressive Störungen auftreten als eine Posttraumatische Belastungsstörung (Atwoli et al. 2015). Ein ähnliches Muster findet sich in Deutschland: Im Gesundheitsinterview DEGS1-MH lag die 12-Monats-Prävalenz von PTBS bei 2,3 %, während affektive Störungen 8,1 % und generalisierte Angststörungen 3,0 % erreichten; rund 78 % der Befragten mit PTBS erfüllten mindestens eine weitere psychiatrische Diagnose (Jacobi et al. 2014). Routinedaten einer großen Krankenkasse dokumentieren zudem hohe Raten komorbider Depressionen (56 %), Angststörungen (45 %) und substanzbezogener Störungen (30 %) bei Versicherten mit PTBS (Bachmann et al. 2021). Eine Übersichtsarbeit berichtet Lebenszeitprävalenzen von 19–35 % für drogenbezogene und bis zu 52 % für alkoholbezogene Störungen innerhalb der PTBS-Population (Banerjee und Argáez 2017). Diese Befunde verdeutlichen, dass PTBS selten isoliert auftritt; insbesondere bei schwerer oder wiederholter Traumatisierung entstehen häufig multiple Störungsbilder, die in Diagnostik und Therapieplanung multimodal berücksichtigt werden müssen. Problematisch dabei ist, dass therapeutische Programme meist für singuläre Störungen konzipiert sind, während Komorbidität fast regelhaft auftritt. Lediglich für sogenannte Doppeldiagnosen, d.h. eine psychische Störung plus eine Abhängigkeitserkrankung, existieren Therapieprogramme, die beide Diagnosen integrativ behandeln.

Ätiologie und Epidemiologie 4

4.1 Ätiologie

Die Entwicklung einer Posttraumatischen Belastungsstörung (PTBS) ist im Rahmen des bio-psycho-sozialen Modells als Ergebnis eines multifaktoriellen Zusammenspiels traumaassoziierter, neurobiologischer, (epi)genetischer, psychischer und sozialer Einflussfaktoren zu verstehen, die zur Entstehung und Aufrechterhaltung der Störung beitragen.

4.1.1 Traumabezogene Faktoren

Die Art und Schwere des Traumas beeinflussen das PTBS-Risiko erheblich: Wiederholte und anhaltende Traumatisierungen (Typ-II-Traumata) sowie menschengemachte Gewalt sind mit einem deutlich höheren Erkrankungsrisiko assoziiert als einmalige (Typ-I-) oder akzidentelle Traumata (Herman 1992; McNally 2003; Ozer et al. 2003; Kessler et al. 2014).

4.1.2 Neurobiologische und genetische Faktoren

Neurobiologische, genetische und epigenetische Faktoren beeinflussen sich gegenseitig in ihrer Funktion, um die Stressverarbeitung nach dem Erleben von einem Trauma zu gewährleisten. Verläuft die Stressverarbeitung suboptimal, steigt das Risiko für die Entstehung einer PTBS.

E. L. Esser, T. Schnell, *Posttraumatische Belastungsstörung (PTBS)*, essentials, https://doi.org/10.1007/978-3-662-73486-5_4

Neurobiologisch zeigen PTBS-Patienten eine **Hyperaktivität der Amygdala** bei traumaassoziierten reizen (Frewen et al. 2017; Liddell und Jobson 2016), insbesondere nach frühkindlicher Traumatisierung auch ein **reduziertes Amygdala-Volumen** (Paquola et al. 2016). Der **Hippocampus** ist bei chronischem Stress häufig volumetrisch verändert, was mit erhöhten Glukokortikoidwerten in Verbindung steht, vor allem bei frühkindlicher Belastung (Lupien et al. 2009; Joëls et al. 2007; Paquola et al. 2016). **Geschlechtsspezifische Unterschiede** wurden u.a. von Kokras et al., (2019) festgestellt: Frauen zeigen eine stärkere und länger anhaltende Aktivierung der HPA-Achse als Männer. Darüber hinaus erhöhen bestimmte Varianten des **Serotonin-Transporter-Gens (SLC6A4)** in Kombination mit belastenden Umweltfaktoren das Risiko für PTBS (Xie et al. 2009; Xie et al. 2012; Zhao et al. 2017). **Epigenetische Mechanismen** werden im Zusammenhang mit der **transgenerationalen Weitergabe traumabezogener Vulnerabilität** diskutiert, was insbesondere das endogene Stressverarbeitungssystem betrifft. Yehuda et al. (2014) berichten hierzu über epigenetische Veränderungen bei Nachkommen von Holocaust-Überlebenden. In der selben Studie wurde festgestellt, dass schwangere Frauen, die am 11. September 2001 in Amerika durch den Anschlag auf das World Trade Center traumatisiert wurden, Kinder zur Welt brachten, bei denen ein intrauteriner Einfluss auf die Cortisolproduktion festgestellt wurde, woraus Effekte auf die Stressregulation abgeleitet werden können.

4.1.3 Psychische und biografische Faktoren

Frühere traumatische Erfahrungen erhöhen signifikant das Risiko, nach einem erneuten Trauma an PTBS zu erkranken, insbesondere bei Personen mit multiplen Traumata wie Missbrauch oder Gewalt in der Kindheit (Breslau et al. 1999; Brewin et al. 2000). Weitere individuelle Risikofaktoren sind frühe Trennungserlebnisse, psychische und somatische Vorerkrankungen, jüngeres Alter sowie weibliches Geschlecht (Bryant et al. 2017; Bromet et al. 2017). Frauen weisen konsistent ein etwa zwei- bis dreifach erhöhtes PTBS-Risiko auf, was weniger durch Art oder Häufigkeit der Traumata als durch Unterschiede in der Verarbeitung erklärt wird: Während Frauen häufiger internalisierende Symptomprofile wie Angst, Depression und PTBS zeigen, treten bei Männern eher externalisierende Reaktionen wie Aggression oder Substanzmissbrauch auf (Tolin und Foa 2006; Isaksson et al. 2020; Ruchkin et al. 2023).

Ein niedriger sozioökonomischer Status, geringe Bildung oder Intelligenz gehen mit eingeschränkten Bewältigungsressourcen und einem erhöhten PTBS-

Risiko einher (Brewin et al. 2000). Ethnische Minderheiten sind aufgrund von Diskriminierungs- und Benachteiligungserfahrungen ebenfalls stärker gefährdet (Pole et al. 2001). Zudem weisen Kinder traumatisierter, insbesondere komplex traumatisierter Eltern eine erhöhte Vulnerabilität für psychische Störungen auf, darunter Angststörungen, Depressionen und PTBS, hierbei spielen insbesondere depressive Symptome der Mütter eine direkte und indirekte Rolle für Verhaltensauffälligkeiten der Kinder (Nielsen et al. 2019; Michalek et al. 2024).

4.1.4 Peritraumatische Faktoren

Subjektive Reaktionen während des traumatischen Erlebens beeinflussen das Risiko einer späteren PTBS maßgeblich. Insbesondere subjektiv **empfundene Bedrohung, Hilflosigkeit und Kontrollverlust** gelten als starke Prädiktoren für PTBS-Symptome (Ozer et al. 2003). Ebenso stellt **akute Dissoziation** während des Traumas, etwa in Form von Depersonalisation oder Derealisation, einen bedeutsamen Risikofaktor für die spätere Diagnosestellung dar.

Auch der Einsatz prodissoziativer Substanzen im akuten Trauma kann das PTBS-Risiko erhöhen. Für **Benzodiazepine** zeigen mehrere Studien einen signifikanten Zusammenhang zwischen früher Gabe und vermehrter posttraumatischer Symptomatik (von Känel et al. 2021; Lipinska et al. 2016). Für **Ketamin** ist die Evidenz heterogen: Während einige Arbeiten auf eine mögliche Risikoerhöhung bei früher Anwendung hinweisen (Du et al. 2022), berichten Beobachtungsstudien im militärischen Kontext keine Erhöhung und teils sogar niedrigere PTBS-Raten (Highland et al. 2020; Mion et al. 2017; Melcer et al. 2023). Zusammengefasst scheinen Substanzen, die die neurobiologische Integrations- und Verarbeitungsfähigkeit beeinträchtigen, im akuten Trauma potenziell kontraindiziert. Eine wissenschaftliche Arbeit hat alternativ dazu die Frage untersucht, ob Stimulanzien die Verarbeitungskapazität des Gehirns im Sinne eines Neurodopings so fördern, dass eine geringere PTBS-Wahrscheinlichkeit resultiert. Auch hier ist ein erhöhtes PTBS-Risiko gefunden worden. Die Alternative zu all diesen Versuchen ist „watchful waiting". Das beobachtende Abwarten bedeutet, das Gehirn in Ruhe zu lassen und es selbst arbeiten zu lassen. Dies scheint die überlegene Option. Erst wenn das Gehirn die Verarbeitung nicht schafft, indem sich Symptome einer Störung zeigen, soll eingegriffen werden durch therapeutische Interventionen (Crum-Cianflone et al. 2015; NICE 2018).

4.1.5 Posttraumatische Faktoren

Nach dem Trauma spielen geringe soziale oder öffentliche Anerkennung des Erlebten sowie negative Reaktionen anderer, wie Schuldzuweisungen oder Abwertung, eine große Rolle und können die PTBS-Symptomatik verstärken (Andrews et al. 2000).

Maercker und Müller (2004) konnten entsprechend nachweisen, dass mangelnde soziale Anerkennung die PTBS-Schwere vorhersagte, während hohe Anerkennung protektiv wirkte.

Dieser Befund wurde in einer klinischen Studie bestätigt, in der soziale Missbilligung und die Vermeidung traumabezogener Kommunikation den Zusammenhang zwischen Traumaexposition und PTBS-Symptomen vermittelten (Kvedaraite et al. 2021). Ein meta-analytisches Review militärischer Veteranen zeigte konsistent niedrigere Werte wahrgenommener sozialer Unterstützung bei Personen mit wahrscheinlicher PTBS über 35 Studien hinweg (Grover et al. 2024).

Insgesamt sprechen diese Befunde dafür, dass soziale Anerkennung und emotionale Zugewandtheit überwiegend protektiv wirken, während sozialer Ausschluss und Stigmatisierung posttraumatische Symptomatik aufrechterhalten können, wobei sich soziale Reaktionen und Symptomverlauf wechselseitig dynamisch beeinflussen. Ein weiterer Aspekt, der posttraumatisch negative Auswirkungen hat, bezieht sich auf körperliche Funktionseinschränkungen oder anhaltende Schmerzen als Folge des Traumas. Diese Aspekte scheinen das Risiko einer PTBS zu erhöhen, da sie die tägliche Lebensqualität und die Fähigkeit zur Bewältigung einschränken (Schnurr und Green 2004). Negative soziale Konsequenzen wie Arbeitsplatzverlust oder anhaltende Gerichtsverfahren können den Stress verstärken und zur Chronifizierung der PTBS beitragen (Ehlers et al. 2000).

4.2 Epidemiologie und Verlauf

Die Posttraumatische Belastungsstörung (PTBS) ist eine psychische Erkrankung infolge traumatischer Erfahrungen. Epidemiologische Studien zeigen, dass traumatische Ereignisse in der Allgemeinbevölkerung weit verbreitet sind, jedoch nur ein Teil der Exponierten eine PTBS entwickelt.

So berichteten in den Niederlanden etwa 80 % der Allgemeinbevölkerung mindestens ein Trauma im Sinne der WHO-Definition, während nur ein geringer Anteil eine PTBS ausbildete (de Vries und Olff 2009). Auch in Deutschland finden sich hohe Raten traumatischer Vorerfahrungen, insbesondere in klinischen Populationen: In einer psychosomatischen Poliklinik gaben 31 % der Patientinnen und Patienten traumatische Erlebnisse an, mit besonders hohen Anteilen bei Persönlichkeitsstörungen (56 %), insbesondere Borderline-Störungen (65 %) (Reicherzer et al. 2008).

Veteranen und aktive Soldaten stellen eine besonders gefährdete Gruppe dar. Studien zeigen eine hohe Belastung durch selbstschädigende Verhaltensweisen, die mit der Schwere der PTBS-Symptomatik assoziiert sind (Lusk et al. 2017). Zudem sind spezifische Traumata wie moralisch verletzende Erfahrungen („moral injury") mit erhöhten PTBS-Raten verbunden (Presseau et al. 2019).

Darüber hinaus variieren PTBS-Prävalenzen deutlich zwischen Ländern und werden durch soziokulturelle und historische Faktoren beeinflusst. In einer europäischen Vergleichsstudie lagen die Lebenszeitprävalenzen bei 2,31 % in Deutschland, 3,30 % in den Niederlanden und 6,67 % in Kroatien, was unter anderem auf Kriegserfahrungen und kollektive historische Traumata zurückgeführt wird (Burri und Maercker 2014) (Tab. 4.1).

4.2.1 Prävalenz

Die Prävalenzraten für PTBS und kPTBS sind stark von methodischen Faktoren wie der verwendeten Diagnostik und der untersuchten Population abhängig. Die neueren ICD-11-Kriterien unterscheiden erstmals explizit zwischen PTBS und kPTBS, wodurch genauere Prävalenzschätzungen möglich sind (Hecker und Maercker 2015).

Maercker et al. (2018) untersuchten in einer deutschlandweiten repräsentativen Stichprobe von 2.524 Personen die Häufigkeit von PTBS und kPTBS gemäß ICD-11. Die Ergebnisse zeigten eine 1-Monats-Prävalenz von 1,5 % für PTBS und 0,5 % für kPTBS.

Tab. 4.1 Häufigkeit verschiedener Traumata und 1-Monats-Prävalenz für PTBS (ICD-11) nach Maercker et al. (2018)

Traumaart	Häufigkeit (%)	1-Monats-Prävalenz (%) (ICD-11)
Sexueller Missbrauch in der Kindheit	7.8	4.5
Vergewaltigung	5.3	3.7
Körperliche Misshandlung in der Kindheit	6.4	4.2
Unfall	17.2	2.1
Zeuge eines Todes oder schweren Unfalls	12.8	1.9
Plötzlicher Tod einer nahestehenden Person	24.5	1.3
Kriegserlebnisse	3.2	2.8
Naturkatastrophe	1.8	0.9

Internationale Vergleiche zeigen eine erhebliche Varianz in den Prävalenzraten. Breslau (2009) fand in den USA eine Lebenszeitprävalenz von <10 %, während in europäischen Ländern die Raten deutlich niedriger sind. In der Münchener EDSP-Studie ermittelten Perkonigg et al. (2001) eine Lebenszeitprävalenz von nur 1 % bei Männern und 2,2 % bei Frauen.

Die Bedeutung der Traumakategorie für die Prävalenz von PTBS wurde ebenfalls untersucht. Santiago et al. (2013) analysierten in einer systematischen Übersichtsarbeit die Prävalenzverläufe von PTBS in den ersten zwölf Monaten nach einem Trauma. Sie stellten fest, dass die PTBS-Raten bei intentionalen Traumata (z.B. Gewaltverbrechen, Missbrauch) von 11,8 % auf 23,3 % anstiegen, während sie bei nicht-intentionalen Traumata (z.B. Unfälle, Naturkatastrophen) im gleichen Zeitraum von 28,8 % auf 17 % sanken. Dies verdeutlicht, dass absichtlich herbeigeführte Traumata mit einer höheren Persistenz von PTBS-Symptomen assoziiert sind.

Zusammenfassend lässt sich feststellen, dass PTBS in der Allgemeinbevölkerung relativ selten auftritt, jedoch in spezifischen Hochrisikogruppen wie Veteranen, Missbrauchsopfern und Menschen mit mehrfach Traumatisierung deutlich häufiger diagnostiziert wird.

4.2.2 Verlauf

Der Verlauf einer **Posttraumatischen Belastungsstörung (PTBS)** ist individuell hoch variabel und lässt sich nicht zuverlässig prognostizieren. Längsschnittuntersuchungen zeigen unterschiedliche Symptomverläufe, darunter Resilienz (stabil niedrige Symptomatik), Erholung (initial hohe Symptome mit anschließendem Abklingen), chronische Verläufe (anhaltend hohe Symptomatik) sowie einen verzögerten Symptombeginn (Galatzer-Levy et al. 2018). Diese Muster verdeutlichen, dass Traumafolgestörungen nicht als einheitlicher, linearer Prozess zu verstehen sind. In einer prospektiven Langzeitstudie mit einer Nachbeobachtungszeit von bis zu 15 Jahren zeigte sich, dass Belastungen im ersten Jahr nach dem Trauma, wie erneute Traumatisierungen oder einschneidende Lebensereignisse, signifikant mit dem späteren Symptomverlauf assoziiert sind (Neria et al. 2010). Dies bedeutet, dass selbst bei zunächst günstigen Verläufen ein späteres Wiederaufflammen oder eine Chronifizierung der Symptomatik möglich ist. Auch auf tagesbezogener Ebene variiert die Symptomschwere häufig stark, was die dynamische Natur der Störung unterstreicht (Schell et al. 2004). Insgesamt kann konstatiert werden, dass nach dem Erleben selbst schwerer Traumata nur ein geringer Anteil der Betroffenen eine PTBS entwickelt. Innerhalb der Gruppe derer mit einer PTBS ist ein wichtig, eine traumafokussierende Therapie zu beginnen. Da die Störung unbehandelt ein hohes Risiko für einen ungünstigen Verlauf hat. Spontanremissionen sind selten. Wird eine Behandlung zu einem relativ frühen Zeitpunkt nach Entstehung der Symptomatik initiiert, ist die Chance hoch, dass die Therapie zu einer Remission führt. Insbesondere bei Typ-I-Traumatisierungen hat Therapie eine hohe Erfolgschance. Lange zurück liegende Traumata und eine chronifizierte Symptomatik benötigen deutlich längere Therapien und haben geringere Aussichten auf Erfolg. Generell gilt, dass sich die Behandlung umso schwerer gestaltet, je mehr komorbide Störungen eine Person präsentiert. Das ist kritisch, da Komorbidität regelhaft auftritt. Je schwerer die Traumatisierung, umso höher das Komorbiditätsrisiko.

Therapeutische Interventionen 5

In der Behandlung der Traumafolgestörungen ist die Psychotherapie die Methode der Wahl, obschon es auch medikamentösen Strategien gibt, die begleitend eingesetzt werden können.

5.1 Kurzfristige Reaktionen auf Traumata und frühzeitige Intervention zur Verhinderung der PTBS

Unspezifische psychische und körperliche Reaktionen treten in den ersten Tagen oder Wochen nach einem potenziell traumatischen Ereignis häufig auf. Sie haben lediglich eine begrenzte prognostische Aussagekraft für die spätere Entwicklung einer Traumafolgestörung wie der Posttraumatischen Belastungsstörung (PTBS). Ihre systematische Erfassung ist dennoch bedeutsam, da sie Hinweise auf potenziellen Unterstützungsbedarf liefern und eine frühe Intervention ermöglichen kann (Koren et al. 1999; Creamer et al. 2004). Diese Reaktionen können in ihrer Art, Intensität und Dauer erheblich variieren. Tab. 5.1 bietet eine Übersicht über potenzielle Reaktionen, die unmittelbar nach einem traumatischen Ereignis beobachtet werden können.

5.1.1 Debriefing versus Watchful Waiting

Die **Debriefing-Methode** zählt zu den umstrittenen Frühinterventionen nach einem Trauma. Meta-analytische Befunde zeigen keine Wirksamkeit des Einzel--Debriefings in der PTBS-Prävention und weisen sogar auf ein erhöhtes

E. L. Esser, T. Schnell, *Posttraumatische Belastungsstörung (PTBS)*, essentials, https://doi.org/10.1007/978-3-662-73486-5_5

Tab. 5.1 Kurzfristig auftretende Reaktionen nach einem traumatischen Ereignis

Kategorie	Häufig beobachtete Reaktionen	Potenziell positive Anpassungsstrategien
Kognitiv / Wahrnehmung	Verwirrung, Konzentrationsstörungen, Grübeln, Gedankenflut, Dissoziation (z.B. Derealisation, Depersonalisation), intrusives Wiedererleben	Kognitive Neubewertung (Reframing), Sinnfindung, Informationssuche, Konzentration auf Problemlösung
Emotional	Angst, Traurigkeit, Wut, Schuld, Scham, emotionale Taubheit, Überwältigungsgefühl	Emotionsregulation, Aufbau von Selbstmitgefühl, Stabilisierung durch imaginative Verfahren
Sozial	Sozialer Rückzug, Isolation, Misstrauen, Übererregung in Interaktionen, Vermeidungsverhalten	Aktives Einholen sozialer Unterstützung, Kommunikation über das Erlebte, Verbundenheitserleben
Physisch	Tachykardie, Schwitzen, Zittern, Atemnot, gastrointestinale Beschwerden, Schlafstörungen, muskuläre Anspannung	Achtsamkeit, körperliche Selbstfürsorge, Regulation über Atmung und Bewegung
Verhalten	Fluchtverhalten, Erstarrung (Freeze), Hypervigilanz, gesteigerte Reaktionsbereitschaft, aggressives Verhalten, Vermeidung belastender Reize	Sicherheitsstrategien, situationsangepasstes Verhalten, Nutzung von Skills zur Impulskontrolle

Erkrankungsrisiko hin, trotz häufig positiver subjektiver Bewertung durch Betroffene (van Emmerik et al. 2002; Richins et al. 2020). Entsprechend wird das Verfahren in Leitlinien, etwa des NICE, nicht empfohlen (NICE 2018). Stattdessen wird ein ***Watchful Waiting*** propagiert, bei dem zunächst auf traumaspezifische Interventionen verzichtet und der natürliche Verlauf beobachtet wird; therapeutische Maßnahmen sind erst bei relevanter Symptomentwicklung indiziert (NICE 2018). Eine Ausnahme können Personen mit früh ausgeprägter Symptomatik darstellen, für die einzelne Studien Hinweise auf einen Nutzen früher Interventionen liefern (Roberts et al. 2019).

Auch der frühe Einsatz von **Benzodiazepinen** wird nicht empfohlen. Zwar wirken sie kurzfristig anxiolytisch, Übersichtsarbeiten zeigen jedoch keine präventive oder therapeutische Wirksamkeit bei PTBS und weisen auf ein erhöhtes Erkrankungsrisiko sowie relevante Nebenwirkungen und eine ungünstige Beeinflussung neurobiologischer Verarbeitungsprozesse hin (Guina 2015).

5.2 Therapie bei PTBS

5.2.1 Psychotherapie versus Pharmakotherapie

In der Behandlung von PTBS ist Psychotherapie der Pharmakotherapie überlegen. Dies wurde in einer Studie von Merz et al. (2019) bestätigt, die die Überlegenheit von psychotherapeutischen Behandlungsansätzen aufzeigte. Die Kombination aus Pharmakotherapie und Psychotherapie kann bei sehr schwerer Symptomatik sinnvoll sein, oder zur Behandlung komorbider Störungen, wenn eine entsprechende Indikation besteht.
Die unbehandelte PTBS zeigt gemäß der deutschsprachigen S3-Leitlinie einen überwiegend chronischen Verlauf mit hohem Komorbiditätsrisiko, weshalb frühzeitig ein spezialisiertes Therapieangebot indiziert ist; als Behandlung erster Wahl wird eine evidenzbasierte **traumafokussierte Psychotherapie** empfohlen, während Pharmakotherapie lediglich als sekundäre Option gilt (Schäfer et al. 2019). Zu den evidenzbasierten Verfahren zählen unter anderem EMDR (Shapiro 2018) sowie traumafokussierte kognitiv-verhaltenstherapeutische Ansätze, denen gemeinsam ist, dass sie traumabezogene Vermeidung aufheben und eine kontrollierte Auseinandersetzung mit der traumatischen Erinnerung ermöglichen. Entscheidend für den Therapieerfolg scheint dabei weniger die spezifische Technik als vielmehr die dosierte Konfrontation im sicheren therapeutischen Rahmen zu sein, die eine nachträgliche adaptive Verarbeitung fördert (Foa et al. 2007; Brewin 2011).

Die Verfahren unterscheiden sich insbesondere darin, ob neben der Exposition kognitive oder imaginative Interventionen zur Bearbeitung traumaassoziierter Emotionen eingesetzt werden (Lee et al. 2016). Ein relevantes Beispiel ist das Cognitive Restructuring and Imagery Modification (CRIM), das dysfunktionale traumabezogene Selbstüberzeugungen mittels kognitiver und imaginativer Techniken adressiert und bereits nach wenigen Sitzungen eine signifikante Symptomreduktion auch ohne formale Exposition zeigte (Steil et al. 2011). Ergänzend weisen aktuelle Befunde darauf hin, dass (selbst-)mitgefühlsbasierte imaginative Interventionen insbesondere zur Reduktion von Scham-, Ekel- und Kontaminationserleben beitragen können (Fink-Lamotte et al. 2022; Fink-Lamotte et al. 2023).

5.3 Kontraindikationen von traumafokussierter Psychotherapie

Eine traumafokussierte bzw. traumakonfrontative Therapie setzt die Fähigkeit voraus, erhöhte affektive Belastung zu tolerieren. Faktoren, die dies verhindern, stellen Kontraindikationen dar und müssen vor Beginn der Konfrontation gezielt behandelt werden. Diese sogenannte Stabilisierung sollte zeitlich begrenzt und strikt auf die Ermöglichung der Traumakonfrontation ausgerichtet sein, um therapeutisch legitimierte Vermeidung zu vermeiden.

Folgende Faktoren gelten als Kontraindikationen und müssen vor der Traumakonfrontation beseitigt werden:

5.3.1 Akute Suizidalität und schwere Selbstverletzung

Akute Suizidalität stellt einen psychiatrischen Notfall dar und erfordert stets eine **vorrangige Behandlung,** die auf den Schutz der Person bzw. ihr Überleben hin ausgerichtet ist; eine traumafokussierte Psychotherapie setzt eine ausreichende psychische Stabilität voraus (DGPPN 2019). Eine stark ausgeprägte Selbstverletzung gilt hinsichtlich eines unmittelbar traumakonfrontativen Vorgehens als relative Kontraindikation, da ein erhebliches Destabilisierungsrisiko besteht. In diesen Fällen wird zunächst eine Stabilisierung empfohlen, bevor eine Konfrontation mit traumatischen Inhalten erfolgt (Cloitre et al. 2012; Resick et al. 2017; S3-Leitlinie PTBS).

Bei komorbider Borderline-Persönlichkeitsstörung ist es in der Regel sinnvoll, zunächst störungsspezifische Verfahren wie Dialektisch-Behaviorale Therapie oder Mentalisierungsbasierte Therapie einzusetzen, um Affektregulation und Impulskontrolle zu verbessern (Linehan 2015; Bateman und Fonagy 2016; S3-Leitlinie BPS 2022). Gleichzeitig zeigen aktuelle Studien, dass bei sorgfältiger Risiko- und Sicherheitsabwägung auch integrierte traumafokussierte Ansätze bei BPS wirksam und sicher durchgeführt werden können.

5.3.2 Täterkontakt

Täterkontakt kann starke Trigger setzen und Gefühle von Hilflosigkeit und Ohnmacht reaktivieren. Leitlinien empfehlen deshalb, traumafokussierende Verfahren erst dann einzusetzen, wenn **äußere und innere Sicherheit** gewährleistet sind (DGPPN 2019; Herman 1992; World Health Organization 2013; American Psychological Association 2017). Unter **eng definierten, freiwilligen und professionell vorbereiteten** Bedingungen kann eine Begegnung mit dem ehemaligen Täter jedoch auch **emotional stärkend** wirken, etwa wenn die Situation heute als kontrollierbar erlebt wird; entsprechende Befunde aus *restorative-justice*-Settings zeigen bei einem Teil der Betroffenen Reduktionen psychischer Belastung und gesteigerte Handlungsfähigkeit (Nascimento et al. 2022). Insgesamt sprechen phasenorientierte Ansätze dafür, Stabilisierung/Skills und Konfrontation **flexibel** auszubalancieren (Cloitre et al. 2012; vgl. auch Cloitre et al. 2010). **Wenn Täterkontakt fortbestehende Gefährdung oder Re-Traumatisierung bedeutet, hat die Herstellung äußerer und innerer Sicherheit Priorität,** traumafokussierende Interventionen sind in solchen Konstellationen nachrangig (DGPPN 2019; American Psychological Association 2017; World Health Organization 2013).

5.3.3 Keine stabile therapeutische Beziehung

Traumakonfrontation ist dann therapeutisch wirksam, wenn sie vor dem Hintergrund der Gewissheit erfolgt, gegenwärtig in Sicherheit zu sein. Sicherheit wird durch eine stabile Beziehung zum Therapeuten vermittelt und ist daher Voraussetzung für Traumakonfrontation. Das Manual der Prolonged-Exposure-Therapie fordert zunächst die Herstellung einer sicheren therapeutischen Umgebung und ggf. die Durchführung von Kriseninterventionen, bevor imaginale oder in-vivo-Exposition verantwortbar sind (Foa et al. 2007).

5.3.4 Schwere dissoziative Symptomatik

Ausgeprägte Dissoziation steht im Zusammenhang mit einer verringerten Wirkung traumafokussierter Interventionen (Kleindienst et al. 2025). Wenn Patienten während der Auseinandersetzung mit dem Trauma stark dissoziieren, wird die funktionale Verarbeitung erschwert und es entsteht erneut ein Erleben von Hilflosigkeit und Kontrollverlust. Dorahy et al., (2013) beschreiben, dass Dissoziation den Zugriff auf traumarelevante Inhalte limitiert. Dies unterstreicht die Notwendigkeit, zunächst antidissoziative Fertigkeiten zu vermitteln, wie sie beispielsweise in der Dialektisch-Behavioralen Therapie für PTBS (DBT-PTBS) angeboten werden (Bohus et al. 2013; Steil et al. 2011). Eine randomisierte kontrollierte Studie konnte zeigen, dass hohe Dissoziationswerte vor Behandlungsbeginn die Wirksamkeit traumafokussierter Therapieformen (z.B. DBT-PTBS oder Cognitive

Processing Therapy) negativ beeinflussen, während eine frühe Reduktion von Dissoziation mit besseren Therapieergebnissen einhergeht (Kleindienst et al. 2025).

5.3.5 Schwere Depression

Dies verhindert die Fähigkeit zum mentalen Perspektivwechsel als Voraussetzung für ein Umdenken und eine Neubewertung vergangener Ereignisse. Schwere Depression sollte medikamentös mit zusätzlicher Psychotherapie behandelt werden, bevor traumafokussierte Therapie sinnvoll ist.

5.3.6 Komorbide psychotische Störungen

Die Evidenzlage zeigt, dass traumafokussierte Interventionen bei stabiler Psychose prinzipiell durchführbar sind, wenn das Setting eng überwacht und die Expositionsdosis angepasst wird. Befürchtungen, dass traumafokussierte Interventionen bei Patienten mit Psychose zu einer Exazerbation psychotischer Symptome oder zu vermehrten unerwünschten Ereignissen führen könnten, finden in der empirischen Datenlage nur begrenzt Unterstützung (van den Berg et al. 2016). Die Cochrane--Übersicht von Sin et al., (2017) findet positive Effekte traumafokussierter Verfahren bei schwer psychisch Kranken, empfiehlt jedoch Protokollanpassungen (z.B. kürzere Sitzungen, verstärkte Psychoedukation), um Rückfallrisiken zu minimieren.

5.3.7 Starkes Untergewicht

Bei starkem Untergewicht und medizinischer Instabilität (z.B. Mangelernährung, Kreislauf–/Elektrolytstörungen, kognitive Beeinträchtigungen) sollte eine traumafokussierte Psychotherapie in der Regel zurückgestellt werden, bis eine ausreichende somatische und psychische Basisstabilität erreicht ist, da Traumafokus die Affektintensität erhöht und Mangelernährung die emotionale und kognitive Regulation beeinträchtigen kann (Brewerton 2023; van den Berg et al. 2024). Leitlinien zur Essstörungstherapie definieren starkes Untergewicht als medizinischen Risikozustand und empfehlen bei Erwachsenen u.a. bei BMI <15 kg/m^2 bzw. ≤ 75 % des alters- und größenbezogenen Sollgewichts eine stationäre Stabilisierung (AWMF-S3 Essstörungen 2020; Academy for Eating Disorders Medical Care Standards 2016).

Leitlinien zur PTBS empfehlen zwar grundsätzlich traumafokussierte Verfahren, setzen jedoch medizinische Stabilität voraus und benennen keine spezifischen BMI-Grenzwerte (AWMF-S3 PTBS 2019). Entsprechend werden Patientinnen und Patienten mit sehr niedrigem BMI in der Versorgungspraxis häufig zunächst nicht zu spezialisierter Traumatherapie zugelassen.

5.3.8 Substanzgebrauchsstörungen

Aktiver Substanzgebrauch interferiert mit Affektregulation und erhöht die Wahrscheinlichkeit therapieinduzierter Destabilisierung. Es wird ein integriertes oder sequenzielles Vorgehen empfohlen, bei dem substanzbezogene Interventionen vor bzw. parallel zur Traumabearbeitung priorisiert werden. Mills et al., (2012) zeigen, dass kognitive Verhaltenstherapie für Substanzgebrauch gut mit traumafokussierten Maßnahmen kombinierbar ist, sofern zumindest partielle Abstinenz und eine Stabilisierungsphase erreicht wurden.

5.4 Traumafokussierende Therapie bei PTBS

Die meisten evidenzbasierten Traumatherapien entstammen der Kognitiven Verhaltenstherapie (KVT). Die klassische kognitive Therapie der PTBS nach Ehlers und Clark kombiniert die gezielte Konfrontation mit der traumatischen Erinnerung mit kognitiver Umstrukturierung zur Modifikation dysfunktionaler Bewertungen anhaltender Bedrohung (Ehlers und Clark 2000; Ehlers et al. 2005). Eine der bekannten tiefenpsychologischen Traumatherapien, ist die psychodynamisch imaginative Traumatherapie (PiTT), als schulenunabhängige Therapieform findet die EMDR breite Anwendung (nachfolgend kurz dargestellt). Desweiteren gibt es eine Reihe an KVT-basierten Traumatherapien, von denen die prolongierte Expositionstherapie und die Cognitive Processing Therapy nachfolgend kurz skizziert werden.

5.4.1 Prolongierte Expositionstherapie (Prolonged Exposure Therapy, PE)

Die Prolongierte Expositionstherapie (PE) fußt auf der *Emotional-Processing-Theory*, nach der dysfunktionale Angststrukturen durch wiederholte Konfrontation unter sicheren Bedingungen modifiziert werden (Foa und Kozak 1986). Folglich besteht die PE hauptsächlich aus der Konfrontation mit der traumatischen Erinnerung (Foa et al. 2007; Foa et al. 2019). PE zählt zu den wirksamsten PTBS-Interventionen (Powers et al. 2010; Cusack et al. 2016), ist aber auch sehr belastend, was sich in einer hohen Abbruchrate spiegelt (Eftekhari et al. 2013; Najavits 2015). Beobachtete Abbruchraten in Studien liegen typischerweise zwischen etwa **10 % und 38 %** (Najavits 2015), in realen klinischen Settings können sie jedoch deutlich höher sein – beispielsweise etwa **27 %** (Goodson et al. 2013) oder sogar über **60 % bei Veteranen** (Maguen et al. 2019).

5.4.2 Cognitive Processing Therapy (CPT)

Cognitive Processing Therapy (CPT) ist eine manualisierte Form der kognitiven Verhaltenstherapie, die zur Behandlung der Posttraumatischen Belastungsstörung (PTBS) entwickelt wurde. Sie basiert auf der Annahme, dass dysfunktionale traumabezogene Kognitionen die Aufrechterhaltung der Symptomatik fördern und dass deren Modifikation zu einer Symptomverbesserung führt (Resick et al. 2002; Resick et al. 2008; Resick et al. 2017). Typischerweise umfasst CPT 12 strukturierte Sitzungen, in denen Patienten zunächst ein **Impact Statement** verfassen, um ihre Überzeugungen über das Trauma und dessen Bedeutung zu erfassen. Anschließend werden sogenannte **„Stuck Points"** identifiziert, festgefahrene, maladaptive Überzeugungen zu zentralen Lebensbereichen wie Sicherheit, Vertrauen, Kontrolle, Wertschätzung und Intimität, und mit kognitiven Techniken, einschließlich **Sokratischer Dialoge,** systematisch hinterfragt und modifiziert (Resick et al. 2008; Monson et al. 2006). Darüber hinaus enthält die CPT eine Traumakonfrontation mittels eines von Patienten selbst erstellten schriftlichen Berichts über das erlebte Trauma. Diesen Bericht lesen Patienten wiederholt intensiv durch unter Berücksichtigung einer möglichst starken emotionalen Aktivierung.

Die Wirksamkeit von CPT ist in zahlreichen randomisierten kontrollierten Studien nachgewiesen, sowohl bei zivilen als auch militärischen Populationen, einschließlich Überlebender sexueller Gewalt und Veteranen (Resick et al. 2002; Monson et al. 2006; Chard 2005; Resick et al. 2017). Meta-Analysen und internationale Leitlinien bestätigen die hohe Effektivität von CPT in der Reduktion von PTBS-Symptomen sowie in der Verbesserung komorbider psychischer Belastungen (Watts et al. 2013; American Psychological Association 2017; National Institute for Health and Care Excellence 2018). Die positiven Effekte sind zudem über lange Zeiträume stabil, was in Langzeit-Follow-up-Studien bis zu einem Jahr nach Therapieende gezeigt wurde (Resick et al. 2012).

5.4.3 Eye Movement Desensitization and Reprocessing (EMDR)

Eye Movement Desensitization and Reprocessing (EMDR) verarbeitet traumatische Erinnerungen mittels bilateraler Stimulation in einem manualisierten Acht-Phasen-Prozess (Shapiro 2018). Nach Anamnese und Stabilisierung werden Zielerinnerungen unter Augenbewegungen oder Tapping reaktiviert, wobei die emotionale Belastung sukzessiv abnimmt und adaptive Kognitionen verankert werden (Böhm 2016). Metaanalysen zeigen eine gleichwertige oder schnellere Symptomreduktion im Vergleich zur traumafokussierten kognitiven Verhaltenstherapie (Bisson und Andrew 2007; Bisson et al. 2013; Chen et al. 2015); Weltgesundheitsorganisation und American Psychological Association führen EMDR als evidenzbasierte Behandlung der ersten Wahl (neben weiteren traumafokussierenden Therapien) für PTBS (World Health Organization 2013; APA 2017). Langzeituntersuchungen bestätigen stabile Effekte (van der Kolk et al. 2007). Bei komplexer PTBS wird eine phasenorientierte Modifikation empfohlen, um Retraumatisierung zu vermeiden (Reddemann und Wöller 2019); Studien berichten geringere Belastung als reine Exposition (Seidler und Wagner 2006).

Medikamentöse Therapie 6

6.1 Psychopharmaka

Die Behandlung der Posttraumatischen Belastungsstörung (PTBS) stellt weiterhin eine erhebliche Herausforderung in der klinischen Praxis dar, da ein relevanter Anteil der Betroffenen unzureichend auf psychotherapeutische Interventionen anspricht. Die aktuelle S3-Leitlinie zur PTBS (Schäfer et al. 2019) empfiehlt primär die Durchführung traumafokussierter Psychotherapie, wobei der Einsatz von Psychopharmaka lediglich als unterstützende Maßnahme in bestimmten Situationen in Erwägung gezogen werden sollte, etwa bei fehlender psychotherapeutischer Verfügbarkeit, Ablehnung durch den Patienten oder unzureichendem Ansprechen auf psychotherapeutische Verfahren (Schäfer et al. 2019).

Von den in Deutschland zugelassenen Antidepressiva gelten selektive Serotonin-Wiederaufnahmehemmer (SSRI) wie **Sertralin** und **Paroxetin** als Medikamente erster Wahl bei PTBS. Diese sind als einzige Substanzen spezifisch für die Indikation PTBS zugelassen. Auch **Venlafaxin,** ein Serotonin-Noradrenalin--Wiederaufnahmehemmer (SNRI), wird von der Leitlinie als wirksam angesehen, obwohl es in Deutschland keine explizite Zulassung für PTBS besitzt (Reinhard 2022).

Von bestimmten Medikamenten rät die S3-Leitlinie ausdrücklich ab. Hierzu zählen insbesondere **Benzodiazepine,** da sie mit einem erhöhten Risiko für Abhängigkeit sowie einer potenziellen Verschlechterung der PTBS-Symptomatik assoziiert sind. Der Einsatz dieser Wirkstoffgruppe gilt daher als kontraindiziert (Schäfer et al. 2019) vor allem bei direkt nach dem traumatischen Ereignis.

In Fällen, in denen konventionelle Pharmakotherapie und Psychotherapie nicht ausreichend wirksam sind oder nicht vertragen werden, kann eine

E. L. Esser, T. Schnell, *Posttraumatische Belastungsstörung (PTBS)*, essentials, https://doi.org/10.1007/978-3-662-73486-5_6

Off-Label-Verordnung in Erwägung gezogen werden. Hierzu zählen unter anderem **Mirtazapin (tetrazyklisches Antidepressivum),** das sich insbesondere bei Schlafstörungen als nützlich erwiesen hat, sowie **Quetiapin (atypisches Antipsychotikum),** das zur Behandlung von Unruhe oder Schlafproblemen eingesetzt wird, allerdings ohne spezifische Zulassung für PTBS. Ein weiteres Off-Label-Präparat ist **Prazosin (α1-Adrenozeptor-Antagonist),** das insbesondere in den USA zur Behandlung von traumaassoziierten Albträumen eingesetzt wird, in Deutschland ist es für diese Indikation jedoch nicht zugelassen (Reinhard 2022).

6.2 MDMA assistierte Psychotherapie

Die Behandlung therapieresistenter posttraumatischer Belastungsstörung (PTBS) stellt trotz leitliniengerechter Versorgung weiterhin eine erhebliche klinische Herausforderung dar. In mehreren randomisierten Studien der letzten 15 Jahre zeigte die MDMA-assistierte Psychotherapie (MDMA-PT) eine signifikante Zusatzwirksamkeit gegenüber Placebo, basierend auf einem strukturierten Setting mit wenigen MDMA-Sitzungen und intensiver psychotherapeutischer Vor- und Nachbereitung (Mitchell et al. 2021, 2023).

Pharmakologisch erhöht MDMA akut serotonerge, noradrenerge und dopaminerge Aktivität sowie die Oxytocinfreisetzung, begleitend kommt es zu einem Anstieg von Cortisol (de la Torre et al. 2004; Dumont et al. 2009). Bildgebende Befunde sprechen für eine Reduktion der Amygdala-Reaktivität bei gleichzeitiger Verstärkung präfrontaler Kontrollmechanismen, was die Bearbeitung angstbesetzter Inhalte erleichtern kann (Singleton et al. 2023). Präklinische Arbeiten deuten zudem auf ein zeitlich begrenztes Fenster erhöhter Veränderbarkeit reaktiver Furchterinnerung hin, in dem MDMA Extinktionslernen und möglicherweise auch Gedächtnisrekonsolidierung beeinflussen könnten, dessen klinische Relevanz jedoch bislang überwiegend experimentell belegt ist (Young et al. 2015; Sottile & Vida 2022).

Klinisch zeigte sich in Phase-3-Studien eine deutlich höhere Rate an „loss of diagnosis" unter MDMA-PT im Vergleich zu Placebo, bei zugleich geringeren Abbruchraten (Mitchell et al. 2021, 2023). Eine Meta-Analyse berichtet entsprechend eine große Effektstärke zugunsten der MDMA-PT (Bahji et al. 2020; Mustafa et al. 2024). Belastbare Aussagen zur Langzeitwirksamkeit sind derzeit jedoch nicht möglich, da entsprechende Phase-2-Langzeitdaten aufgrund methodischer Mängel zurückgezogen wurden (Jerome et al. 2020 [retracted]).

Im klinischen Dosisbereich traten überwiegend vorübergehende somatische Nebenwirkungen auf. Zwar zeigen Meta-Analysen eine höhere Rate treatmentemergenter Nebenwirkungen im Vergleich zu Placebo, schwerwiegende unerwünschte Ereignisse waren jedoch nicht häufiger, zugleich wird auf Defizite im Harms-Reporting hingewiesen (Colcott et al. 2024). Hinweise auf neurotoxische Langzeitfolgen oder relevante kardiovaskuläre Risiken ergaben sich in den bisherigen Studien nicht, wenngleich die Evidenzbasis begrenzt bleibt (Riaz et al. 2023; Mitchell et al. 2021, 2023).

Insgesamt erreicht die MDMA-assistierte Psychotherapie bei schwer behandelbarer PTBS Effektstärken, die konventioneller Pharmakotherapie überlegen erscheinen, bei gleichzeitig niedrigerer Abbruchrate (Feduccia & Mithoefer 2018). Ihr Einsatz bleibt jedoch spezialisierten Zentren vorbehalten und setzt eine klare Indikationsstellung voraus. Regulatorisch ist zu beachten, dass die US-amerikanische FDA im August 2024 eine Zulassung vorerst abgelehnt und weitere Studien gefordert hat (U.S. Food and Drug Administration 2024).

Fazit

Zusammenfassend bleibt festzuhalten, dass die Psychopharmakotherapie der PTBS nur unter klar definierten Bedingungen erfolgen sollte. Gleichzeitig zeigen neue Entwicklungen wie die MDMA-unterstützte Therapie vielversprechende Ergebnisse, die künftig eine Erweiterung des therapeutischen Spektrums ermöglichen könnten, vorausgesetzt, Sicherheit und Wirksamkeit werden in weiteren qualitativ hochwertigen Studien bestätigt.

Was Sie aus diesem *essential* mitnehmen können

- **PTBS** ist ein eigenständiges und oft komplexes Störungsbild.
- Zentral sind **sorgfältige Diagnostik** und **Differenzialdiagnostik**.
- **Traumafokussierte Psychotherapie** ist die Therapie der Wahl.
- **Stabilisierung** unterstützt die therapeutische Arbeit, ersetzt sie aber nicht.
- Entscheidend ist ein **individuell angepasstes, phasenorientiertes Vorgehen**.
- PTBS ist trotz hoher Belastung **gut behandelbar**.

E. L. Esser, T. Schnell, *Posttraumatische Belastungsstörung (PTBS)*, essentials, https://doi.org/10.1007/978-3-662-73486-5

Literatur

Academy for Eating Disorders Medical Care Standards Committee. (2016). Eating disorders: A guide to medical care (3rd ed.). Academy for Eating Disorders.

American Psychological Association. (2017). Clinical practice guideline for the treatment of posttraumatic stress disorder (PTSD) in adults.

Andrews, B., Brewin, C. R., Rose, S., & Kirk, M. (2000). Predicting PTSD symptoms in victims of violent crime: The role of shame, anger, and childhood abuse. *Journal of Abnormal Psychology, 109(1)*, 69–73. https://doi.org/10.1037/0021-843X.109.1.69.

Atwoli, L., Platt, J., Williams, D.R. et al. Association between witnessing traumatic events and psychopathology in the South African Stress and Health Study. Soc Psychiatry Psychiatr Epidemiol 50, 1235–1242 (2015). https://doi.org/10.1007/s00127-015-1046-x

Böhm, K. (2016). *EMDR in der Psychotherapie der PTBS: Traumatherapie praktisch umsetzen.* Springer-Verlag.

Bachmann, C. J., Czwikla, J., Jacobs, H., Fegert, J. M., & Hoffmann, F. (2021). Prävalenz und Versorgung der Posttraumatischen Belastungsstörung in Deutschland: Eine bundesweite Auswertung von Krankenkassendaten aus den Jahren 2008 und 2017. *Psychiatrische Praxis, 48(6)*, 316–323. https://doi.org/10.1055/a-1347-5410.

Bahji, A., Forsyth, A., Groll, D., & Hawken, E. R. (2020). Efficacy of 3,4-methylenedioxym ethamphetamine (MDMA)-assisted psychotherapy for post-traumatic stress disorder: A systematic review and meta-analysis. *Progress in Neuro-Psychopharmacology and Biological Psychiatry, 96*, 109735. https://doi.org/10.1016/j.pnpbp.2019.109735.

Banerjee, S., & Argáez, C. (16. August 2017). *Concurrent Treatment for Substance Use Disorder and Trauma-Related Comorbidities: A Review of Clinical Effectiveness and Gui-*

E. L. Esser, T. Schnell, *Posttraumatische Belastungsstörung (PTBS)*, essentials, https://doi.org/10.1007/978-3-662-73486-5

delines [Internet]. Von Ottawa (ON): Canadian Agency for Drugs and Technologies in Health: https://www.ncbi.nlm.nih.gov/books/NBK525683/ abgerufen

Bateman, A., & Fonagy, P. (2016). Mentalization-based treatment for personality disorders: A practical guide. Oxford University Press.

Bell, V., Robinson, B., Katona, C., Fett, A.-K., & Shergill, S. (2019). When trust is lost: the impact of interpersonal trauma on social interactions. *Psychological Medicine, 49(6)*, 1041–1046. doi:https://doi.org/10.1017/S0033291718001800.

Bernstein, D. P., Stein, J. A., Newcomb, M. D., Walker, E., Pogge, D., Ahluvalia, T., . . . Zule, W. (2003). Development and validation of a brief screening version of the Childhood Trauma Questionnaire. *Child Abuse & Neglect, 27(2)*, 169–190. https://doi.org/10.1016/S0145-2134(02)00541-0.

Bisson, J. I., & Andrew, M. (2007). Psychological treatment of post-traumatic stress disorder (PTSD). *Cochrane Database of Systematic Reviews, (3)*, Article CD003388. https://doi.org/10.1002/14651858.CD003388.pub3.

Bisson, J. I., Roberts, N. P., Andrew, M., Cooper, R., & Lewis, C. (2013). Psychological therapies for chronic post-traumatic stress disorder (PTSD) in adults. *Cochrane Database of Systematic Reviews, (12)*, Art. No.: CD003388. https://doi.org/10.1002/14651858.CD003388.pub4.

Bohus, M., Dyer, A. S., Priebe, K., Krüger, A., Kleindienst, N., Schmahl, C., & Steil, R. (2013). DBT for PTSD after childhood sexual abuse in patients with and without borderline personality disorder: A randomized controlled trial. *Psychotherapy and Psychosomatics, 82 (4)*, 221–233. https://doi.org/10.1159/000348451.

Bondjers, K., Hyland, P., Roberts, N. P., Bisson, J. I., Willebrand, M., & Arnberg, F. K. (2019). Validation of a clinician-administered diagnostic measure of ICD-11 PTSD and Complex PTSD: the International Trauma Interview in a Swedish sample. *European Journal of Psychotraumatology, 10(1)*, 1665617. https://doi.org/10.1080/20008198.2019.1665617.

Breslau, N. (2009). The epidemiology of trauma, PTSD, and other posttrauma disorders. *Trauma, Violence, & Abuse, 10(3)*, 198–210. https://doi.org/10.1177/1524838009334448.

Breslau, N., Chilcoat, H. D., Kessler, R. C., & D., G. C. (1999). Previous Exposure to Trauma and PTSD Effects of Subsequent Trauma: Results From the Detroit Area Survey of Trauma. *Am J Psychiatry; 156*, 902–907.

Brewerton, T. D. (2023). The integrated treatment of eating disorders, posttraumatic stress disorder, and psychiatric comorbidity: A commentary on the evolution of principles and guidelines. Frontiers in Psychiatry, 14, Article 1149433. doi:10.3389/fpsyt.2023.1149433

Brewin, C. R. (2011). The nature and significance of memory disturbance in posttraumatic stress disorder. *Annual Review of Clinical Psychology, 7*, 203-227. https://doi.org/10.1146/annurev-clinpsy-032210-104544.

Brewin, C. R. (2015). Re-experiencing traumatic events in PTSD: New avenues in research on intrusive memories and flashbacks. *European journal of psychotraumatology, 6(1)*, 27180.

Brewin, C. R., Andrews, B., & Valentine, J. D. (2000). Meta-analysis of risk factors for post-traumatic stress disorder in trauma-exposed adults. *Journal of Consulting and Clinical Psychology, 68 (5)*, 748-766. https://doi.org/10.1037/0022-006X.68.5.748.

Brewin, C. R., Cloitre, M., Hyland, P., Shevlin, M., Maercker, A., Bryant, R. A., Humayun, A., Jones, L. M., Kagee, A., Rousseau, C., Somasundaram, D., Suzuki, Y., Wessely, S., van Ommeren, M., & Reed, G. M. (2017). A review of current evidence regarding the

ICD-11 proposals for diagnosing PTSD and complex PTSD. Clinical Psychology Review, 58, 1–15. https://doi.org/10.1016/j.cpr.2017.09.001

Bromet, E. J., Atwoli, L., Kawakami, N., Navarro-Mateu, F., Piotrowski, P., King, A. J., . . . Kessler, R. (2017). Post-traumatic stress disorder associated with natural and human-made disasters in the World Mental Health Surveys. *Psychological medicine, 47(2)*, 227–241. https://doi.org/10.1017/S0033291716002026.

Bromis, K., Calem, M., Reinders, A. A., Williams, S. C., & Kempton, M. J. (2018). Meta-analysis of 89 structural MRI studies in posttraumatic stress disorder and comparison with major depressive disorder. *American Journal of Psychiatry, 175(10)*, 989–998.

Bryant, R. A., Creamer, M., O'Donnell, M., Forbes, D., Felmingham, K. L., Silove, D., Malhi, G., van Hoof, M., McFarlane, A. C., & Nickerson, A. (2017). Separation from parents during childhood trauma predicts adult attachment security and post-traumatic stress disorder. Psychological Medicine, 47(11), 2028–2035. https://doi.org/10.1017/S0033291717000472

Burri, A., & Maercker, A. (2014). Differences in prevalence rates of PTSD in various European countries explained by war exposure, other trauma and cultural value orientation. *BMC Research Notes, 7*, 407. https://doi.org/10.1186/1756-0500-7-407.

Chard, K. M. (2005). An evaluation of cognitive processing therapy for the treatment of posttraumatic stress disorder related to childhood sexual abuse. Journal of Consulting and Clinical Psychology, 73(5), 965–971. doi:10.1037/0022-006X.73.5.965

Chen, L., Zhang, G., & Hu, M. (2015). The effectiveness of EMDR in the treatment of PTSD: A meta-analysis. *Journal of Anxiety Disorders, 29*, 1-12. https://doi.org/10.1016/j.janxdis.2014.11.005.

Christen, D., Killikelly, C., Maercker, A., & Augsburger, M. (2021). Item response model validation of the German ICD-11 International Trauma Questionnaire for PTSD and CPTSD. Clinical Psychology in Europe, 3(4), Article e5501. https://doi.org/10.32872/cpe.5501.

Cloitre, M., Courtois, C., Ford, J., Green, B., Alexander, P., Briere, J., . . . Van der Hart, O. (2012). The ISTSS Expert Consensus Treatment Guidelines for Complex PTSD in Adults. *International Society for Traumatic Stress Studies*, 1-21.

Cloitre, M., Garvert, D. W., Brewin, C. R., Bryant, R. A., & Maercker, A. (2013). Evidence for proposed ICD-11 PTSD and complex PTSD: A latent profile analysis. *European Journal of Psychotraumatology, 4(1)*, 20706.

Cloitre, M., Shevlin, M., Brewin, C., Bisson, J., R. N., Maercker, A., . . . Hyland, P. (2018). The International Trauma Questionnaire: Development of a self-report measure of ICD-11 PTSD and Complex PTSD. *Acta Psychiatrica Scandinavica, 138(6)*, 536–546. https://doi.org/10.1111/acps.12956.

Cloitre, M., Stovall-McClough, K. C., Nooner, K., Zorbas, P., Cherry, S., Jackson, C. L., . . . Petkova, E. (2010). Treatment for PTSD related to childhood abuse: A randomized controlled trial. *American Journal of Psychiatry, 167(8)*, 915–924. https://doi.org/10.1176/appi.ajp.2010.09081247.

Colcott, J., Guerin, A. A., Carter, O., Meikle, S., & Bedi, G. (2024). Side-effects of MDMA-assisted psychotherapy: A systematic review and meta-analysis. *Neuropsychopharmacology, 49*, 1208–1226. https://doi.org/10.1038/s41386-024-01865-8.

Creamer, M., O'Donnell, M. L., & Pattison, P. (2004). Acute stress disorder and posttraumatic stress disorder in victims of violent crime: A prospective study. *Journal of Traumatic Stress, 17(3)*, 235–243. https://doi.org/10.1023/B:JOTS.0000029265.99399.ee.

Crum-Cianflone, N. F., Frasco, M. A., Armenta, R. F., Phillips, C. J., Horton, J., Ryan, M. A. K., Russell, D. W., & LeardMann, C. (2015). Prescription stimulants and PTSD among U.S. military service members. Journal of Traumatic Stress, 28(6), 585–589. https://doi.org/10.1002/jts.22052

Cusack, K., Jonas, D. E., Forneris, C. A., Wines, C., Sonis, J., Cook Middleton, J., . . . Gaynes, B. N. (2016). Psychological treatments for adults with posttraumatic stress disorder: A systematic review and meta-analysis. *Clinical Psychology Review, 43*, 128-141. https://doi.org/10.1016/j.cpr.2015.10.003.

de la Torre, R., Farré, M., Roset, P. N., Pizarro, N., Abanades, S., Segura, M., . . . Camí, J. (2004). Human pharmacology of MDMA: pharmacokinetics, metabolism, and disposition. *Therapeutic drug monitoring, 26(2)*, 137–144. https://doi.org/10.1097/00007691-200404000-00009.

de Vries, G., & Olff, M. (2009). The lifetime prevalence of traumatic events and posttraumatic stress disorder in the Neatherlands. *Journal of Traumatic Stress, 22(4)*, 259-267. https://doi.org/10.1002/jts.20429.

Dorahy, M. J., Corry, M., Shannon, M., Webb, K., McDermott, B., Ryan, M., & Dyer, K. F. W. (2013). Complex trauma and intimate relationships: The impact of shame, guilt and dissociation. Journal of Affective Disorders, 147(1–3), 72–79. https://doi.org/10.1016/j.jad.2012.10.010

Dorahy, M. J., & Middleton, W. (2013). Dissociation and trauma. In J. K. O'Neil, & I. L. Smyth, *Trauma, dissociation, and hypnosis: Theoretical and practical issues in clinical psychotherapy* (S. 215–234). Wiley.

Du, R., Han, R., Niu, K., Xu, J., Zhao, Z., Lu, G., & Shang, Y. (2022). The multivariate effect of ketamine on PTSD: Systematic review and meta-analysis. *Frontiers in Psychiatry, 13,*, 813103. https://doi.org/10.3389/fpsyt.2022.813103.

Dumont, G. J., Sweep, F. C., van der Steen, R., Hermsen, R., Donders, A. R., Touw, D. J., . . . Verkes, R. (2009). Increased oxytocin concentrations and prosocial feelings in humans after ecstasy (3,4-methylenedioxymethamphetamine) administration. *Social Neuroscience, 4(4)*, 359–366. https://doi.org/10.1080/17470910802649470.

Eftekhari, A., Crowley, J. J., Ruzek, J. I., Kuhn, E., Karlin, B. E., & Rosen, C. S. (2013). Effectiveness of national implementation of prolonged exposure therapy in veterans affairs care. *JAMA Psychiatry, 70(9)*, 949-955. doi:https://doi.org/10.1001/jamapsychiatry.2013.36.

Ehlers, A., & Clark, D. M. (2000). A cognitive model of posttraumatic stress disorder. *Behaviour Research and Therapy, 38(4)*, 319–345. https://doi.org/10.1016/S0005-7967(99)00123-0.

Ehlers, A., Clark, D. M., Hackmann, A., McManus, F., & Fennell, M. (2005). Cognitive therapy for post-traumatic stress disorder: Development and evaluation. *Behaviour Research and Therapy, 43(4)*, 413–431. https://doi.org/10.1016/j.brat.2004.03.006.

Ehlers, A., Mayou, R. A., & Bryant, B. (2000). Psychological predictors of chronic PTSD after motor vehicle accidents. *Journal of Abnormal Psychology, 109 (4)*, 507-519. https://doi.org/10.1037/0021-843X.109.4.508.

Falsetti, S. A., & Resnick, H. S. (1997). Frequency and severity of panic attack symptoms in a treatment seeking sample of trauma victims. *Journal of Traumatic Stress, 10(4)*, 683–689. https://doi.org/10.1002/jts.2490100410.

Fink-Lamotte, J., Hoyer, J., Platter, P., Stierle, C. M. G., & Exner, C. (2023). Shame on me? Love me tender! Inducing and reducing shame and fear in social anxiety in an analogous sample. Clinical Psychology in Europe, 5(3), Article e7895. https://doi.org/10.32872/cpe.7895

Fink-Lamotte, J., Platter, P., Stierle, C., & Exner, C. (2022). Mechanisms and effectiveness of imagery strategies in reducing disgust in contamination-related obsessive–compulsive disorder: Comparing imagery rescripting, imagery self-compassion and mood-focused imagery. Cognitive Therapy and Research, 46, 747–763. https://doi.org/10.1007/s10608-021-10275-9

Foa, E. B., & Kozak, M. J. (1986). Emotional processing of fear: Exposure to corrective information. *Psychological Bulletin, 99(1)*, 20–35. https://doi.org/10.1037/0033-2909.99.1.20.

Foa, E. B., Hembree, E. A., & Rothbaum, B. O. (2007). *Prolonged exposure therapy for PTSD: Emotional processing of traumatic experiences.* Oxford University Press.

Foa, E. B., Mintz, J., Young-McCaughan, S., Borah, E. V., Dondanville, K. A., & Peterson, A. L. (2018). Effect of prolonged exposure therapy delivered over varying time frames on PTSD symptom reduction among active duty military personnel: A randomized clinical trial. *JAMA, 319(4)*, 354-364. doi:https://doi.org/10.1001/jama.2017.21242.

Foa, E. B., Hembree, E. A., Rothbaum, B. O., & Rauch, S. A. M. (2019). Prolonged exposure therapy for PTSD: Emotional processing of traumatic experiences: Therapist guide (2nd ed.). Oxford University Press.

Ford, J. D., & Courtois, C. A. (2014). Complex PTSD, affect dysregulation, and borderline personality disorder. *Borderline Personality Disorder and Emotion Dysregulation, 1(9)*, https://doi.org/10.1186/2051-6673-1-9.

Frewen, P. A., Thornley, E., Rabellino, D., & Lanius, R. A. (2017). Neuroimaging of the traumatized self: fMRI reveals altered response in cortical midline structures and occipital cortex during visual and verbal self- and other-referential processing in women with childhood trauma-related PTSD. *European Journal of Psychotraumatology, 8(1)*, 1314164. https://doi.org/10.1080/20008198.2017.1314164.

Friedman, M. J. (2013). Finalizing PTSD in DSM-5: Getting here from there and where to go next. *Journal of Traumatic Stress, 26(5)*, 548–556.

Galatzer-Levy, I. R., Huang, S. H., & Bonanno, G. A. (2018). Trajectories of resilience and dysfunction following potential trauma: A review and statistical evaluation. *Clinical Psychology Review, 63*, 41– 55. https://doi.org/10.1016/j.cpr.2018.05.008.

Gelezelyte, O., Roberts, N. P., Kvedaraite, M., Bisson, J. I., Brewin, C. R., Cloitre, M., . . . Kazlauskas, E. (2022). Validation of the International Trauma Interview (ITI) for the clinical assessment of ICD-11 posttraumatic stress disorder (PTSD) and complex PTSD (CPTSD) in a Lithuanian sample. *European Journal of Psychotraumatology, 13(1)*, 2037905. https://doi.org/10.1080/20008198.2022.2037905.

Goodson, J. T., Lefkowitz, C. M., Helstrom, A. W., & Gawrysiak, M. J. (2013). Outcomes of prolonged exposure therapy for veterans with posttraumatic stress disorder. Journal of Traumatic Stress, 26(4), 419–425. https://doi.org/10.1002/jts.21830

Grant, D. B., Marques, L., Palyo, S., & Clapp, J. (2008). he structure of distress following trauma: Posttraumatic stress disorder, major depressive disorder, and generalized anxiety disorder. *Journal of Abnormal Psychology, 117(3)*, 662–672. https://doi.org/10.1037/a0012591.

Grover, L. E., Williamson, C., Burdett, H., Palmer, L., & Fear, N. T. (2024). Level of perceived social support, and associated factors, in combat-exposed (ex-)military personnel: A systematic review and meta-analysis. *Social Psychiatry and Psychiatric Epidemiology, 59(12)*, 2119–2143. https://doi.org/10.1007/s00127-024-02685-3.

Guina, J., Rossetter, S. R., DeRhodes, B. J., Nahhas, R. W., & Welton, R. S. (2015). Benzodiazepines for PTSD: A systematic review and meta-analysis. Journal of Psychiatric Practice, 21(4), 281–303. https://doi.org/10.1097/PRA.0000000000000091

Harned, M. S., Korslund, K. E., Foa, E. B., & Linehan, M. M. (2012). Treating PTSD in suicidal and self-injuring women with borderline personality disorder: Development and preliminary evaluation of a dialectical behavior therapy prolonged exposure protocol. *Behaviour Research and Therapy, 50(6)*, 381-386. https://doi.org/10.1016/j.brat.2012.02.011.

Hecker, T., & Maercker, A. (2015). Komplexe posttraumatische Belastungsstörung nach ICD-11. *Psychotherapeut, 60(6)*, 547–562. https://doi.org/10.1007/s00278-015-0066-z.

Herman, J. L. (1992). *Trauma and recovery: The aftermath of violence – from domestic abuse to political terror.* Basic Books.

Herpertz, S., Fichter, M., Herpertz-Dahlmann, B., Hilbert, A., Tuschen-Caffier, B., Vocks, S., & Zeeck, A. (Hrsg.). (2020). S3-Leitlinie Diagnostik und Behandlung der Essstörungen (AWMF-Registernummer 051-026, Version 2.2). Arbeitsgemeinschaft der Wissenschaftlichen Medizinischen Fachgesellschaften.

Highland, K. B., Soumoff, A. A., Spinks, E. A., Kemezis, P. A., & Buckenmaier, C. C. (2020). Ketamine administration during hospitalization is not associated with posttraumatic stress disorder outcomes in military combat casualties: A matched cohort study. *Anesthesia & Analgesia, 130(2)*, 402–408. https://doi.org/10.1213/ANE.0000000000004327.

Hyland, P., Karatzias, T., Shevlin, M., McElroy, E., Ben-Ezra, M., Cloitre, M., & Brewin, C. R. (2021). Does requiring trauma exposure affect rates of ICD-11 PTSD and complex PTSD? Implications for DSM–5. *Psychological Trauma: Theory, Research, Practice, and Policy, 13(2)*, 133–141. https://doi.org/10.1037/tra0000908.

Hyland, P., Shevlin, M., Fyvie, C., Karatzias, T., & Cloitre, M. (2017). Posttraumatic stress disorder and complex posttraumatic stress disorder in DSM-5 and ICD-11: Clinical and diagnostic implications. *Journal of Anxiety Disorders, 47*, 1-8. https://doi.org/10.1016/j.janxdis.2017.02.001.

Isaksson, J., Sukhodolsky, D. G., Koposov, R., Stickley, A., & Ruchkin, V. (2020). The Role of Gender in the Associations Among Posttraumatic Stress Symptoms, Anger, and Aggression in Russian Adolescents. *Journal of traumatic stress, 33(4)*, 552–563. https://doi.org/10.1002/jts.22502.

Jacobi, F., Höfler, M., Strehle, J., Mack, S., Gerschler, A., Scholl, L., . . . Wittchen, H.-U. (2014). Twelve-month prevalence, comorbidity and correlates of mental disorders in Germany: Results from the DEGS1-MH study. *BMC Psychiatry, 14*, 46. https://doi.org/10.1186/1471-244X-14-46.

Jerome, L., Feduccia, A. A., Wang, J. B., Hamilton, S., Yazar-Klosinski, B., Emerson, A., & Mithoefer, M. C. (2020). Long-term follow-up outcomes of MDMA-assisted psychotherapy for treatment of PTSD: A longitudinal pooled analysis of six phase 2 trials [Retracted 2024]. *Psychopharmacology, 237(8)*, 2485–2497. https://doi.org/10.1007/s00213-020-05548-2.

Joëls, M., Karst, H., DeRijk, R., & De Kloet, E. R. (2007). The coming out of the brain mineralocorticoid receptor. *Trends in Neurosciences, 31(1)*, 1-7. https://doi.org/10.1016/j.tins.2007.10.005.

Jowett, S., Karatzias, T., Shevlin, M., & Albert, I. (2019). Differentiating symptom profiles of ICD-11 PTSD, complex PTSD, and borderline personality disorder: A latent class analysis in a multiply traumatised sample. *Borderline Personality Disorder and Emotion Dysregulation, 6(20)*, 36-45. https://doi.org/10.1037/per0000346.

Kessler, R. C., Rose, S. K., Karam, E. G., Stang, P. E., Stein, D. J., Heeringa, S. G., . . . Viana, M. (2014). How well can post-traumatic stress disorder be predicted from pre-trauma risk factors? An exploratory study in the WHO World Mental Health Surveys. *World psychiatry: official journal of the World Psychiatric Association (WPA), 13(3)*, 265-274. https://doi.org/10.1002/wps.20150.

Knefel, M., Lueger-Schuster, B., Karatzias, T., Shevlin, M., & Hyland, P. (2019). From child maltreatment to ICD-11 complex post-traumatic stress symptoms: The role of emotion regulation and re-victimisation. Journal of clinical psychology, 75(3), 392–403. https://doi.org/10.1002/jclp.22655

Kleindienst, N., Steil, R., Priebe, K., Müller-Engelmann, M., Lindauer, P., Krause-Utz, A., Friedmann, F., Schmahl, C., Enning, F., & Bohus, M. (2025). Is dissociation predicting the efficacy of psychological therapies for PTSD? Results from a randomized controlled trial comparing Dialectical Behavior Therapy for PTSD (DBT-PTSD) and Cognitive Processing Therapy (CPT). Psychological Medicine, 55, e59. https://doi.org/10.1017/S0033291724003453

Klinitzke, G., Romppel, M., Häuser, W., Brähler, E., & Glaesmer, H. (2012). Die deutsche Version des Childhood Trauma Questionnaire (CTQ): Erste Befunde zu den psychometrischen Kennwerten. *Psychotherapie, Psychosomatik, Medizinische Psychologie, 62(2)*, 47–51. https://doi.org/10.1055/s-0031-1295495.

Kokras, N., & Dalla, C. (2017). Sex differences in the hypothalamic–pituitary–adrenal axis: A developmental and life-span perspective. *British Journal of Pharmacology, 176(21)*, 4083–4093. https://doi.org/10.1111/bph.14710.

Kokras, N., Hodes, G. E., Bangasser, D. A., & Dalla, C. (2019). Sex differences in the hypothalamic–pituitary–adrenal axis: An obstacle to antidepressant drug development? British Journal of Pharmacology, 176(21), 4090–4106. https://doi.org/10.1111/bph.14710

Koren, D., Arnon, I., & Klein, E. (1999). Acute stress response and posttraumatic stress disorder in traffic accident victims: A one-year prospective study. *The American Journal of Psychiatry, 156(3)*, 367–373. https://doi.org/10.1176/ajp.156.3.367.

Kvedaraite, M., Gelezelyte, O., Karatzias, T., Roberts, N. P., & Kazlauskas, E. (2021). Mediating role of avoidance of trauma disclosure and social disapproval in ICD-11 post-traumatic stress disorder and complex post-traumatic stress disorder: Cross-sectional study in a Lithuanian clinical sample. *BJPsych Open, 7(6)*, e217. doi:https://doi.org/10.1192/bjo.2021.1055.

Lee, C. W., Taylor, G., & Drummond, P. D. (2016). The active ingredient in EMDR: Is it traditional exposure or dual focus of attention? *Clinical Psychology & Psychotherapy, 23(4)*, 317–331. https://doi.org/10.1002/cpp.479.

Liddell, B. J., & Jobson, L. (2016). The impact of cultural differences in self- representation on the neural substrates of posttraumatic stress disorder. *European Journal of Psychotraumatology, 7(1)*, https://doi.org/10.3402/ejpt.v7.30464.

Linehan, M. M. (2015). *DBT skills training manual.* Guilford Publications.

Lipinska, G., Baldwin, D. S., & Thomas, K. G. (2016). Pharmacology for sleep disturbance in PTSD. *Human Psychopharmacology: Clinical and Experimental, 31(2)*, 156–163. https://doi.org/10.1002/hup.2522.

Lueger-Schuster, B., Knefel, M., Glück, T. M., Jagsch, R., Kantor, V., & Weindl, D. (2018). Child abuse and neglect in institutional care in Austria: Development of an instrument for the assessment of retrospective maltreatment experiences. *Child Abuse & Neglect, 76*, 488–500. https://doi.org/10.1016/j.chiabu.2017.12.015.

Lupien, S. J., McEwen, B. S., Gunnar, M. R., & Heim, C. (2009). Effects of stress throughout the lifespan on the brain, behaviour and cognition. *Nature Reviews Neuroscience, 10(6)*, 434–445. https://doi.org/10.1038/nrn2639.

Lusk, J. D., Sadeh, N., Wolf, E. J., & Miller, M. W. (2017). Reckless self-destructive behavior and PTSD in veterans: The mediating role of new adverse events. *Journal of Traumatic Stress, 30(3)*, 270-278. https://doi.org/10.1002/jts.22182.

Maercker, A., & Ebele, H. (2022). Diagnostik der Posttraumatischen Belastungsstörung nach ICD-11. *Der Nervenarzt, 93(8)*, 697–704. https://doi.org/10.1007/s00115-022-01346-1.

Maercker, A., & Lorenz, L. (2018). Adjustment disorder diagnosis: Improving clinical utility. *The World Journal of Biological Psychiatry, 19(sup1)*, S3–S13. https://doi.org/10.1080/15622975.2018.1449967.

Maercker, A., & Müller, J. (2004). Social acknowledgment as a victim or survivor: A scale to measure a recovery factor of PTSD. *Journal of Traumatic Stress, 17(4)*, 345–351. https://doi.org/10.1023/B:JOTS.0000038484.15488.3d.

Maercker, A., & Schützwohl, M. (1998). Erfassung von psychischen Belastungsfolgen: Die Impact of Event Skala – revidierte Version. *Diagnostica, 44(3)*, 130–141. https://doi.org/10.1026/0012-1924.44.3.130.

Maercker, A., & Znoj, H. (2010). Der jüngere Bruder der PTBS: Ähnlichkeiten und Unterschiede zwischen komplizierter Trauer und posttraumatischer Belastungsstörung. *European Journal of Psychotraumatology, 1*, 5558-5566. https://doi.org/10.3402/ejpt.v1i0.5558.

Maercker, A., Hecker, T., Augsburger, M., & Kliem, S. (2018). ICD-11 prevalence rates of posttraumatic stress disorder and complex posttraumatic stress disorder in a German nationwide sample. *Journal of Nervous and Mental Disease, 206(4)*, 270–276. https://doi.org/10.1097/NMD.0000000000000790 .

Maguen, S. L., Madden, E., Seal, K. H., Neylan, T. C., Patterson, O. V., DuVall, S. L., . . . Shiner, B. (2019). Factors associated with completing evidence-based psychotherapy for PTSD among veterans in a national healthcare system. *Psychiatry research, 274*, 112–128. https://doi.org/10.1016/j.psychres.2019.02.027.

McNally, R. J. (2003). *Remembering trauma.* Harvard University Press.

Melcer, T., Walker, G. J., Dye, J. L., Walrath, B., MacGregor, A. J., Perez, K., & Galarneau, M. R. (2023). Is prehospital ketamine associated with a change in the prognosis of PTSD? *Military Medicine, 188(7–8)*, e2165. https://doi.org/10.1093/milmed/usac014.

Merz, J., Schwarzer, G., Gerger, H., & Jelinek, L. (2019). Comparative Efficacy and Acceptability of Pharmacological, Psychotherapeutic, and Combination Treatments in Adults With Posttraumatic Stress Disorder: A Network Meta-analysis. *JAMA Psychiatry, 76(9)*, 904–913. doi:https://doi.org/10.1001/jamapsychiatry.2019.0951.

Michalek, J. E., Lisi, M., Binetti, N., O'Donnell, A. W., Dajani, R., & Mareschal, I. (2024). Maternal trauma and psychopathology symptoms affect refugee children's mental health but not their emotion processing. Research on Child and Adolescent Psychopathology, 52, 995–1008. https://doi.org/10.1007/s10802-024-01182-0

Mion, G., Le Masson, J.-L., Granier, C., & Hoffmann, C. (2017). A retrospective study of ketamine administration and the development of acute or post-traumatic stress disorder in 274 war-wounded soldiers. *Anaesthesia, 72(12)*, 1476–1483. https://doi.org/10.1111/anae.14079.

Mills, K. L., Teesson, M., Back, S. E., Brady, K. T., Baker, A. L., Hopwood, S., Sannibale, C., Barrett, E. L., Merz, S., Rosenfeld, J., & Ewer, P. L. (2012). Integrated exposure-based therapy for co-occurring posttraumatic stress disorder and substance dependence: A randomized controlled trial. JAMA, 308(7), 690–699. https://doi.org/10.1001/jama.2012.9071

Mitchell, J. M., Bogenschutz, M., Lilienstein, A., Harrison, C., Kleiman, S., Parker-Guilbert, K., . . . Klaire, S. S. (2021). MDMA-assisted therapy for severe PTSD: a randomized, double-blind, placebo-controlled phase 3 study. *Nature Medicine, 27(6)*, 1025–1033. https://doi.org/10.1038/s41591-021-01336-3.

Mitchell, J. M., Ot'alora G, M., van der Kolk, B., Shannon, S., Bogenschutz, M., Gelfand, Y., . . . de Boer, A. (2023). Author Correction: MDMA-assisted therapy for moderate to severe PTSD: a randomized, placebo-controlled phase 3 trial. *Nature medicine, 30*, 3382. https://doi.org/10.1038/s41591-024-03331-w.

Mollica, R. F., Caspi-Yavin, Y., Bollini, P., Truong, T., Tor, S., & Lavelle, J. (1992). The Harvard Trauma Questionnaire: Validating a cross-cultural instrument for measuring torture, trauma, and posttraumatic stress disorder in Indochinese refugees. *Journal of Nervous and Mental Disease, 180(2)*, 111–116. https://doi.org/10.1097/00005053-199202000-00008.

Monson, C. M., Schnurr, P. P., Resick, P. A., Friedman, M. J., Young-Xu, Y., & Stevens, S. P. (2006). Cognitive processing therapy for veterans with military-related PTSD. *Journal of Consulting and Clinical Psychology, 74(5)*, 898–907. https://doi.org/10.1037/0022-006X.74.5.898.

Mustafa, R. A., McQueen, B., Nikitin, D., Nhan, E., Zemplenyi, A., DiStefano, M. J., . . . Rind, D. M. (2024). MDMA-Assisted Psychotherapy for Post-Traumatic Stress Disorder: Effectiveness and Value; Evidence Report. *Institute for Clinical and Economic Review*, https://icer.org/assessment/ptsd-2024/#overview.

Najavits, L. M. (2015). The problem of dropout from "gold standard" PTSD therapies. *F1000Prime Reports, 7:43* , (doi:https://doi.org/10.12703/P7-43).

National Institute for Health and Care Excellence. (2018). Post-traumatic stress disorder. https://www.nice.org.uk/guidance/ng116.

Nascimento, A. M., Andrade, J., & Rodrigues, A. de C. (2023). The psychological impact of restorative justice practices on victims of crimes—A systematic review. Trauma, Violence, & Abuse, 24(3), 1929–1947. https://doi.org/10.1177/15248380221082085

Neria, Y., Olfson, M., Gameroff, M. J., Wickramaratne, P., Gross, R., Manetti-Cusa, J., . . . Weissman, M. M. (2010). Long-term course of probable posttraumatic stress disorder after the 9/11 attacks: A study in urban primary care. *Journal of Traumatic Stress, 23(4)*, 474–482. https://doi.org/10.1002/jts.20544.

Nielsen, M. B., Carlsson, J., Rimvall, M. K., Petersen, J. H., & Norredam, M. (2019). Risk of childhood psychiatric disorders in children of refugee parents with post-traumatic stress disorder: A nationwide, register-based, cohort study. The Lancet Public Health, 4(7), e353–e359. https://doi.org/10.1016/S2468-2667(19)30077-5

O'Donnell, M. L., Creamer, M., & Pattison, P. (2004). Posttraumatic stress disorder and depression following trauma: Understanding comorbidity. *American Journal of Psychiatry, 161(8)*, 1390–1396. https://doi.org/10.1176/appi.ajp.161.8.1390.

Ozer, E. J., Best, S. R., Lipsey, T. L., & Weiss, D. S. (2003). Predictors of posttraumatic stress disorder and symptoms in adults: A meta-analysis. *Psychological bulletin, 129(1)*, 52-73. https://doi.org/10.1037/0033-2909.129.1.52.

Palgi, Y., Karatzias, T., Hyland, P., Shevlin, M., & Ben-Ezra, M. (2021). Can subjective perceptions of trauma differentiate between ICD-11 PTSD and complex PTSD? A cross-cultural comparison of three African countries. *Psychological Trauma: Theory, Research, Practice, and Policy, 13(2)*, 142–148. https://doi.org/10.1037/tra0000966.

Paris, J. (2018). Differential diagnosis of borderline personality disorder. Psychiatric Clinics of North America, 41(4), 575–582. https://doi.org/10.1016/j.psc.2018.07.001

Paquola, C., Bennett, M. R., & Lagopoulos, J. (2016). Understanding heterogeneity in grey matter research of adults with childhood maltreatment – A meta-analysis and review. *Neuroscience & Biobehavioral Reviews, 69*, 299-312. https://doi.org/10.1016/j.neubiorev.2016.08.011.

Perkonigg, A., Kessler, R. C., Storz, S., & Wittchen, H.-U. (2001). Traumatic events and post-traumatic stress disorder in the community: Prevalence, risk factors, and comorbidity. *Acta Psychiatrica Scandinavica, 101(1)*, 46–59. https://doi.org/10.1034/j.1600-0447.2000.101001046.x.

Pole, N., Best, S. R., Metzler, T., & Marmar, C. R. (2001). Why are Hispanics at greater risk for PTSD? *Cultural Diversity and Ethnic Minority Psychology, 7 (2)*, 111-127. https://doi.org/10.1037/1099-9809.11.2.144.

Poremski, D., Hariram, J., Wong, W. K., Eu, P. W., & Lee, C. (2024). The longitudinal dispositions of people diagnosed with adjustment or severe stress disorders. BMC Psychiatry, 24, Article 457. https://doi.org/10.1186/s12888-024-05904-y

Powers, M. B., Halpern, J. M., Ferenschak, M. P., Gillihan, S. J., & Foa, E. B. (2010). A meta-analytic review of prolonged exposure for posttraumatic stress disorder. Clinical Psychology Review, 30(6), 635–641. https://doi.org/10.1016/j.cpr.2010.04.007

Presseau, C., Litz, B. T., Kline, N. K., Elsayed, N. M., Maurer, D., Kelly, K., . . . Williamson, D. E. (2019). An epidemiological evaluation of trauma types in a cohort of deployed service members. *Psychological Trauma: Theory, Research, Practice, and Policy, 11(8)*, 877–885. https://doi.org/10.1037/tra0000465.

Reddemann, L., & Wöller, W. (2019). Komplexe Posttraumatische Belastungsstörung (2., unveränderte Aufl.). Hogrefe.

Reicherzer, M., Henrich, G., & Huber, D. (2008). Prävalenz traumatischer Lebensereignisse bei Patienten einer psychosomatisch-psychotherapeutischen Poliklinik – Eine retrospektive Feldstudie. *Psychotherapie im Dialog, 13(2)*, 125–131.

Reinhard, M. A. (2022). Psychopharmakotherapie der Posttraumatischen Belastungsstörung. *Dissertation, LMU München*, https://doi.org/10.5282/edoc.30942.

Resick, P. A., Galovski, T. E., Uhlmansiek, M. O., Scher, C. D., Clum, G. A., & Young-Xu, Y. (2008). A randomized clinical trial to dismantle components of cognitive processing therapy for posttraumatic stress disorder in female victims of interpersonal violence. *Journal of Consulting and Clinical Psychology, 76(2)*, 243–258. https://doi.org/10.1037/0022-006X.76.2.243.

Resick, P. A., Galovski, T. E., Uhlmansiek, M. O., Scher, C. D., Clum, G. A., & Young-Xu, Y. (2012). Long-term outcomes of cognitive–behavioral treatments for posttraumatic stress disorder among female rape survivors. *Journal of Consulting and Clinical Psychology, 80(2)*, 201–210. https://doi.org/10.1037/a0026602.

Resick, P. A., Monson, C. M., & Chard, K. M. (2017). *Cognitive processing therapy for PTSD: A comprehensive manual.* Guilford Publications.

Resick, P. A., Nishith, P., Weaver, T. L., Astin, M. C., & Feuer, C. A. (2002). A comparison of cognitive-processing therapy with prolonged exposure and a waiting condition for the treatment of chronic posttraumatic stress disorder in female rape victims. *Journal of Consulting and Clinical Psychology, 70(4)*, 867–879. https://doi.org/10.1037/0022-006X.70.4.867.

Riaz, K., Suneel, S. M., Kashif, T., Ullah, I., Waris, A., Di Nicola, M., . . . Martinotti, G. (2023). MDMA-based psychotherapy in treatment-resistant post-traumatic stress disorder (PTSD): A brief narrative overview of current evidence. *Diseases, 11 (4)*, 159. https://doi.org/10.3390/diseases11040159.

Richins, M. T., Gauntlett, L., Tehrani, N., Hesketh, I., Weston, D., Carter, H., & Amlôt, R. (2020). Early post-trauma interventions in organizations: A scoping review. Frontiers in Psychology, 11, Article 1176. doi:10.3389/fpsyg.2020.01176

Roberts, N. P., Hyland, P., Fox, R., Roberts, A., Lewis, C., Cloitre, M., . . . Bisson, J. I. (2025). The International Trauma Interview (ITI): Development of a semi-structured diagnostic interview and evaluation in a UK sample. *European Journal of Psychotraumatology, 16(1)*, 2494361. https://doi.org/10.1080/20008066.2025.2494361.

Roberts, N. P., Kitchiner, N. J., Kenardy, J., Lewis, C., & Bisson, J. I. (2019). Multiple session early psychological interventions for the prevention of post-traumatic stress disorder. *Cochrane Database of Systematic Reviews, 2019(8)*, CD006869. https://doi.org/10.1002/14651858.CD006869.pub3.

Ruchkin, V., Isaksson, J., Stickley, A., & Schwab-Stone, M. (2023). Longitudinal associations between community violence exposure and mental health problems in inner-city youth: Ethnicity and gender perspectives. *Journal of Interpersonal Violence, 38(13–14)*, 8619–8644. https://doi.org/10.1177/08862605231158754.

Santiago, P. N., Ursano, R. J., Gray, C. L., Pynoos, R. S., Spiegel, D., Lewis- Fernandez, R., . . . Fullerton, C. S. (2013). A systematic review of PTSD prevalence and trajectories in DSM-5 defined trauma-exposed populations: Intentional and non-intentional traumatic events. *PLOS ONE, 8(4)*, e59236. https://doi.org/10.1371/journal.pone.0059236.

Schäfer, I., Gast, U., Hofmann, A., Knaevelsrud, C., Lampe, A., Liebermann, P., . . . Wöller, W. (2019). *S3-Leitlinie Posttraumatische Belastungsstörung*. Springer Verlag. https://doi.org/10.1007/978-3-662-59783-5.

Schell, T. L., Marshall, G. N., & Jaycox, L. H. (2004). All symptoms are not created equal: The prominent role of hyperarousal in the natural course of posttraumatic psychological distress. *Journal of Abnormal Psychology, 113(2)*, 189–197. https://doi.org/10.1037/0021-843X.113.2.189.

Schnurr, P. P., & Green, B. L. (2004). Understanding relationships among trauma, posttraumatic stress disorder, and health outcomes. *Advances in Mind-Body Medicine, 20 (1)*, 18-29.

Seidler, G. H., & Wagner, F. E. (2006). Comparing the efficacy of EMDR and trauma-focused cognitive-behavioral therapy in the treatment of PTSD: A meta-analytic study. *Psychological Medicine, 36(11)*, 1515–1522. https://doi.org/10.1017/S0033291706007963.

Shapiro, F. (2018). *Eye movement desensitization an reprocessing (EMDR) therapy: Basic principles, protocols, and procedures (3rd ed.).* Guilford Press.

Sharp, M.-L., Fear, N. T., Rona, R. J., Wessely, S., Greenberg, N., Jones, N., & Goodwin, L. (2015). Stigma as a barrier to seeking health care among military personnel with mental health problems. Epidemiologic Reviews, 37(1), 144–162. https://doi.org/10.1093/epirev/mxu012

Sin, J., Spain, D., Furuta, M., Murrells, T., & Norman, I. (2017). Psychological interventions for post-traumatic stress disorder (PTSD) in people with severe mental illness. *Cochrane Database of Systematic Reviews, 2017(1)*, CD011464. https://doi.org/10.1002/14651858.CD011464.pub2.

Singleton, S. P., Wang, J. B., Mithoefer, M., Hanlon, C., George, M. S., Mithoefer, A., . . . Kuceyeski, A. (2023). Altered brain activity and functional connectivity after MDMA-assisted therapy for post-traumatic stress disorder. *Frontiers in Psychiatry, 13*, 947622. https://doi.org/10.3389/fpsyt.2022.947622.

Sottile, R., & Vida, T. (2022). A proposed mechanism for the MDMA-mediated extinction of traumatic memories in PTSD patients treated with MDMA-assisted therapy. *Frontiers in Psychiatry, 13*, 991753. https://doi.org/10.3389/fpsyt.2022.991753.

Stein, D. J., Koenen, K. C., Friedman, M. J., & Hill, E. D. (2014). DSM-5 and ICD-11 definitions of posttraumatic stress disorder: Investigating "narrow" and "broad" approaches. *Depression and Anxiety, 31(6)*, 494–505. https://doi.org/10.1002/da.22279.

Steil, R., Jung, K., & Stangier, U. (2011). Efficacy of a two-session program of cognitive restructuring and imagery modification to reduce the feeling of being contaminated in adult survivors of childhood sexual abuse: A pilot study. Journal of Behavior Therapy and Experimental Psychiatry, 42(3), 325–329. https://doi.org/10.1016/j.jbtep.2011.01.008

Tolin, D. F., & Foa, E. B. (2006). Sex differences in trauma and posttraumatic stress disorder: A quantitative review of 25 years of research. *Psychological Bulletin, 132(6)*, 959–992. https://doi.org/10.1037/0033-2909.132.6.959.

U.S. Food and Drug Administration. (2024, August 8). Complete response letter for NDA 215455: Midomafetamine capsules. U.S. Food and Drug Administration.

van den Berg, D. P., de Bont, P. A., van der Vleugel, B. M., de Roos, C., de Jongh, A., van Minnen, A., & van der Gaag, M. (2016). Trauma-focused treatment in PTSD patients with psychosis: Symptom exacerbation, adverse events, and revictimization. *Schizophrenia Bulletin, 42(3)*, 693–702. https://doi.org/10.1093/schbul/sbv172.

van den Berg, E., Pellemans, K., Planting, C., Daansen, P., van Beers, E., de Jonge, M., . . . Dekker, J. (2024). Treatment of patients with anorexia nervosa and comorbid post-traumatic stress disorder; where do we stand? *A systematic scoping review. Frontiers in Psychiatry, 15*, 1365715. https://doi.org/10.3389/fpsyt.2024.1365715.

van der Kolk, B. A., Spinazzola, J., Blaustein, M., Hopper, J. W., Hopper, E. K., Korn, D. L., & Simpson, W. B. (2007). A randomized clinical trial of EMDR, fluoxetine, and pill placebo in the treatment of PTSD: Treatment effects and long-term maintenance. *Journal of Clinical Psychiatry, 68 (1)*, 37-46. https://doi.org/10.4088/jcp.v68n0105.

van Emmerik, A. A., Kamphuis, J. H., Hulsbosch, A. M., & Emmelkamp, P. M. (2002). Single session debriefing after psychological trauma: a meta-analysis. Lancet (London, England), 360(9335), 766–771. https://doi.org/10.1016/S0140-6736(02)09897-5

von Känel, R., Schmid, J.-P., Meister-Langraf, R. E., Barth, J., Znoj, H., Schnyder, U., . . . Pazhenkottil, A. P. (2021). Pharmacotherapy in the management of anxiety and pain during acute coronary syndromes and the risk of developing symptoms of posttraumatic stress disorder. *Journal of the American Heart Association, 10(2)*, e018762. https://doi.org/10.1161/JAHA.120.018762.

Waszczuk, M. A., Yang, X., Kuan, P.-F., Bromet, E., Kotov, R., & Luft, B. J. (2022). Polygenic prediction of PTSD trajectories in 9/11 responders. *Psychological Medicine, 52(10)*, 1981–1989. https://doi.org/10.1017/S0033291720003839.

Watts, B. V., Schnurr, P. P., Mayo, L., Young-Xu, Y., Weeks, W. B., & Friedman, M. J. (2013). Meta-analysis of the efficacy of treatments for posttraumatic stress disorder. *J Clin Psychiatry, 74(6)*, e541–e550. https://doi.org/10.4088/JCP.12r08225.

Weathers, F. W., Bovin, M. J., Lee, D. J., Sloan, D. M., Schnurr, P. P., Kaloupek, D. G., . . . Marx, B. P. (2018). The Clinician-Administered PTSD Scale for DSM-5 (CAPS-5): Development and initial psychometric evaluation in military veterans. *Psychological Assessment, 30(3)*, , 383–395. https://doi.org/10.1037/pas0000486.

Weiss, D. S., & Marmar, C. R. (1997). The Impact of Event Scale – Revised. In I. J. (Eds.), *Assessing psychological trauma and PTSD: A practitioner's handbook* (S. 399–411). Guilford Press.

World Health Organization (2013). *Guidelines for the Management of Conditions That Are Specifically Related to Stress.* World Health Organization.

World Health Organization (2022). International classification of diseases (11th ed.). *World Health Organization*, https://icd.who.int/.

Xie, P. K., Poling, J., Stein, M. B., Anton, R. F., Brady, K., Weiss, R. D., . . . Gelernter, J. (2009). Interactive effect of stressful life events and the serotonin transporter 5-HTTLPR genotype on posttraumatic stress disorder diagnosis in 2 independent populations. *Archives of General Psychiatry, 66(11)*, 1201–1209. https://doi.org/10.1001/archgenpsychiatry.2009.153.

Xie, P., Kranzler, H. R., Farrer, L., & Gelernter, J. (2012). Serotonin transporter 5-HTTLPR genotype moderates the effects of childhood adversity on posttraumatic stress disorder risk: A replication study. *American Journal of Medical Genetics Part B: Neuropsychiatric Genetics, 159B(6)*, 644–652. https://doi.org/10.1002/ajmg.b.32068.

Yehuda, R., Daskalakis, N. P., Lehrner, A., Desarnaud, F., Bader, H. N., Makotkine, I., . . . Meaney, M. J. (2014). Influences of maternal and paternal PTSD on epigenetic regulation of the glucocorticoid receptor gene in Holocaust survivor offspring. *American Journal of Psychiatry, 171 (8)*, 872-880. https://doi.org/10.1176/appi.ajp.2014.13121571.

Young, M. B., Andero, R., Ressler, K. J., & Howell, L. L. (2015). 3,4-Methylenedioxymeth amphetamine facilitates fear extinction learning. *Translational Psychiatry, 5*, e634. https://doi.org/10.1038/tp.2015.138.

Zhao, M., Yang, J., Wang, W., Ma, J., Zhang, J., Zhao, X., . . . Song, X. (2017). Meta-analysis of the interaction between serotonin transporter promoter variant, stress, and posttraumatic stress disorder. *Scientific Reports, 7*, 16532. https://doi.org/10.1038/s41598-017-15168-0.

Zeitfracht Medien GmbH
Ferdinand-Jühlke-Straße 7
99095 Erfurt, Deutschland
produktsicherheit@kolibri360.de